综合能源服务

—— 能源互联网时代的战略选择

代红才　汤芳　陈昕　赵芸淇◎著

中国电力出版社
CHINA ELECTRIC POWER PRESS

内 容 提 要

本书从中宏观角度着眼能源产业，以普及基础知识、建立统一认识、启发读者思考、引发社会关注为出发点，从理论层面和实践层面全面解读综合能源服务。全书分为理论篇、实践篇和展望篇共三篇九章。理论篇厘清综合能源服务的发展脉络和概念，从业务分类、商业模式、产业生态等角度构建综合能源服务体系架构，深入分析综合能源服务发展的关键驱动力和产业演化模式。实践篇详述国内外综合能源服务发展现状，归纳典型应用场景，剖析成功实践案例。展望篇系统分析影响综合能源服务发展的宏观环境和关键因素，展望综合能源服务未来业务形态、市场潜力、竞争格局和商业模式，提出相关政策建议和企业发展建议。

本书可供各级政府能源与电力主管部门的有关人员、能源行业从业人员，以及研究人员参考使用。

图书在版编目（CIP）数据

综合能源服务——能源互联网时代的战略选择/代红才等著 . —北京：中国电力出版社，2020.10 （2023.10重印）

ISBN 978 - 7 - 5198 - 4813 - 2

Ⅰ.①综… Ⅱ.①代… Ⅲ.①能源经济—服务市场—研究—中国 Ⅳ.①F426.2

中国版本图书馆 CIP 数据核字（2020）第 131939 号

出版发行：中国电力出版社
地　　址：北京市东城区北京站西街 19 号（邮政编码 100005）
网　　址：http：//www.cepp.sgcc.com.cn
责任编辑：崔素媛（010-63412392）
责任校对：黄 蓓 李 楠
装帧设计：张俊霞
责任印制：杨晓东

印　　刷：北京九天鸿程印刷有限责任公司
版　　次：2020 年 10 月第一版
印　　次：2023 年 10 月北京第二次印刷
开　　本：710 毫米×980 毫米 16 开本
印　　张：13.25
字　　数：138 千字
定　　价：68.00 元

　　"综合能源服务"是能源行业近年来的"热词"，受到多方高度关注，被视为能源企业重要的业务发展方向。2017年国家电网有限公司提出开展综合能源服务，引起社会各界的广泛关注和积极响应。但当前，综合能源服务尚无统一定义，其概念内涵、业务范围、产业生态等理论体系尚未建立，社会各界对综合能源服务的发展现状和未来趋势尚存较多疑虑，综合能源服务"是什么、为什么、干什么、怎么干"等问题亟待厘清。

　　本书以能源安全新战略为引领，立足当前能源互联网发展最前沿，结合能源、信息、经济、管理等多学科理论模型，对综合能源服务的理论基础、实践经验、发展趋势等进行了系统地分析和解读。

　　本书共分为三篇：第一篇是理论篇，重点构建综合能源服务理论体系；第二篇是实践篇，重点分析国内外综合能源服务发展现状和典型案例；第三篇是展望篇，重点研究综合能源服务的未来发展趋势。此三篇将历史梳理、现状描述及未来展望相结合，既有理论支撑，又有实践基础，将综合能源服务这一新兴领域全面地、有机地、立体地展现在读者面前。

每篇分别内设三章，共九章。第一章提出综合能源服务的由来及基本概念，第二章分析综合能源服务的体系架构，第三章研究综合能源服务的发展驱动力与演化模式，第四章分析国外综合能源服务发展现状，第五章分析我国综合能源服务发展现状，第六章分析典型应用场景与成功实践案例，第七章展望综合能源服务发展环境，第八章展望综合能源服务产业发展前景，第九章提出综合能源服务发展政策建议。

本书由国网能源研究院有限公司代红才、汤芳、陈昕、赵芸淇著。在撰写过程中得到了国网能源研究院有限公司张运洲院长和王耀华副院长的大力支持与悉心指导，撰写过程中充分融合了两位院长对综合能源服务发展的真知灼见；本书还得到了国家电网有限公司研究室、营销部，国网天津、山东、江苏、浙江、湖南电力，南瑞集团，国网综能服务集团，清华大学等单位多位专家和业界人士的支持和帮助，在此表示衷心感谢！

由于水平有限，疏漏和不足在所难免，欢迎专家和业界人士批评指正。

作　者

2020 年 6 月

前言

第一篇　理　论　篇

第三篇　展　望　篇

理　论　篇

第一章　综合能源服务的由来及基本概念

第一节　能源服务的发展脉络

一 综合能源服务的历史演变

"综合能源服务"是能源行业近年来的"热词",受到多方高度关注,被视为能源企业重要的业务发展方向。研究"综合能源服务",需要立足于对"服务"的深入认识和对"综合"的全面把握,如图1-1所示。**服务**,根据美国市场营销协会(American Marketing Association, AMA)的定义,是指可单独或同产品一起出售,使客户获得收益或满足感的行为。**能源服务**,基于"服务"的定义,指可单独或同能源产品一起出售,使能源系统相关主体获得收益或满足感的行为。因此,从理论上看,**综合能源服务**指可单独或同能源产品一起出售,通过跨种类或跨性质的组合,使能源系统相关主体的收益或满足感得到提升的行为。

基于对综合能源服务的理论认识,梳理其发展历程来看,先后出现了能源组合供应式服务、新技术/新模式融合式服务、系统集成式服务三种业务形态(如图1-2所示)。**能源组合供应式服务**是将不同种类的能源进行组合,向用户同时供应多种能源产品。早在1912年,电力和天然气的组合供应就已出现。**新技术/新模式融合式服务**是将新技术或新商业模式与能源生产消费相结合,使其更加绿色、高效、便捷。自20世纪70年代以来,以分

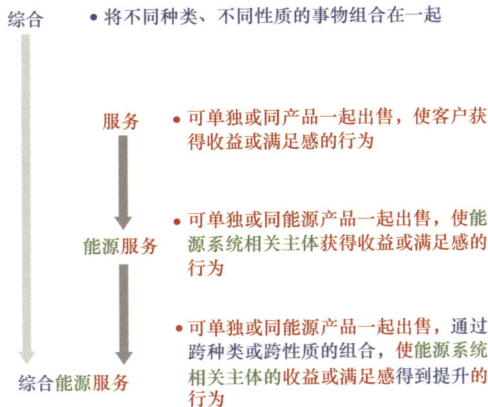

图 1-1　对"综合能源服务"的理论分析

布式能源技术和节能技术、合同能源管理为代表的新技术/新模式融合式服务逐步涌现。**系统集成式服务**是基于能源系统的综合集成优化，为用户提供能源整体解决方案。进入 21 世纪，随着综合能源系统的研究在多国兴起，基于区域综合能源系统向用户提供集成式能源服务成为新趋势。

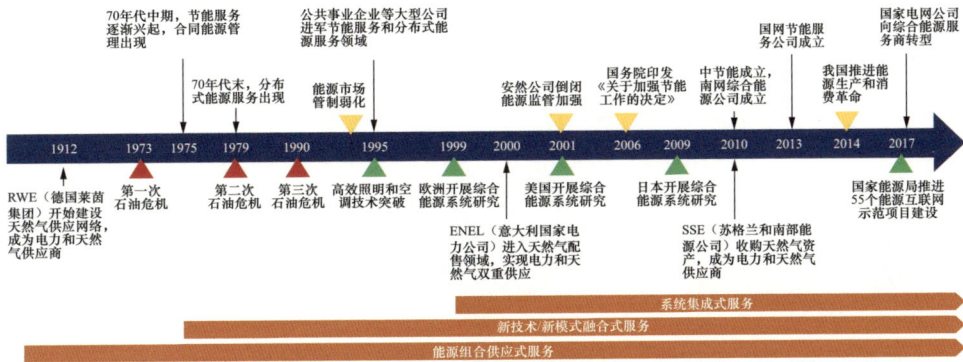

图 1-2　综合能源服务的发展历程

　　综合能源服务的发展受到能源管理体制的影响，国内外综合能源服务发展历程存在一定差异。欧美国家针对不同能源进行一体化管理，允许多种能源混业经营，因此，能源组合供应式服务、新技术/新模式融合式服务、系统集成式服务先后出现，综合能源服务的内容日益丰富。我国实行条块分割的能源管理体制，油气、电力、热力等能源分业经营，因此起初并未出现能源组合供应式服务，之后随着能源技术发展，新技术/新模式融合式服务、系统集成式服务逐步出现。

当前，我国综合能源服务快速发展，呈现出诸多新特点。 从需求侧来看，随着我国经济进入高质量发展阶段，用户的能源需求更加多元化、个性化；从供给侧来看，新一轮能源技术革命兴起，互联网理念加速向能源领域渗透，为综合能源服务提供了更多技术和商业模式选择。统筹供需双方来看，综合能源服务呈现出技术创新加速、新型商业模式不断涌现、更加注重系统集成融合等新特点，如图 1-3 所示。

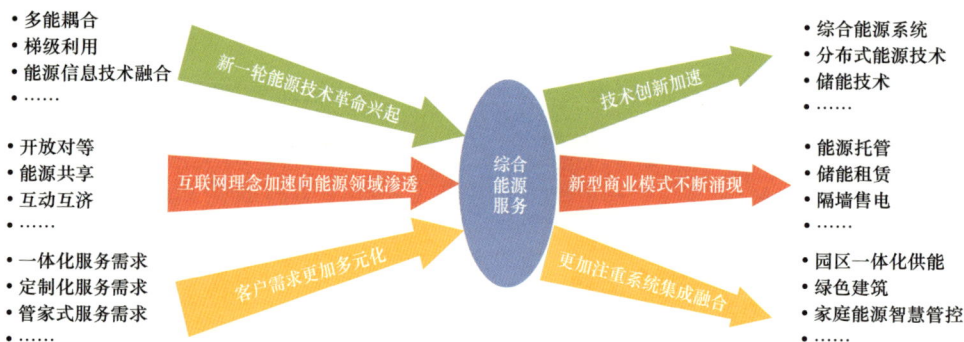

图 1-3　我国综合能源服务发展的新特点

二 能源组合供应式服务

能源组合供应式服务，即同时向用户供应多种能源，提升客户用能便捷性，体现了最简单的"综合"。 该服务至今已有超过一个世纪的发展历史，期间服务模式有所变化。

根据公开资料，电力和燃气组合供应服务至少在 1912 年就已在德国出现。 德国莱茵集团（Rheinisch‐Westfälisches Elektrizitätswerk Aktiengesellschaft, RWE）成立于 1898 年，该公司第一座发电厂于 1900 年在德国

埃森（Essen）投运，此后几年，通过收购其他企业，RWE 集团实现了在布吕尔（Brühl）等地区的业务扩展。1909 年，RWE 集团开始建立自己的燃气供应网络，于 1912 年开始向 Bergisches Land 地区供应煤气❶。至此，RWE 集团成为电力和燃气的综合供应商。发展至今天，RWE 集团的能源业务已覆盖电力、天然气、社区供暖及石油产品，力求通过能源间的相互组合产生更多效益。

进入 21 世纪，多能组合供应服务持续发展。2000 年，意大利国家电力公司进入天然气配售领域，实现电力和天然气的双重供应；2010 年南苏格兰公司收购天然气资产，成为电力和天然气供应商；2010 年 6 月，美国森特理克公司通过子公司 Direct Energy 收购了 Clockwork Home Services，成为北美最大的天然气、管道和电力服务供应商。东京电力针对居民客户开发了个性化价格套餐，提供具有市场竞争力的电力、燃气组合价格方案，并推出节能咨询、智能家居租赁等套餐服务。

能源组合供应式服务发展至今，随着分布式能源技术、信息技术的发展，逐渐被整合进入系统集成式服务当中，单纯的能源组合供应式服务已愈发难以满足用户个性化需求，未来在综合能源服务市场中的占比将会逐步降低。

三　新技术/新模式融合式服务

新技术/新模式融合式服务是将新技术或新商业模式与能源生产消费相融合，使其更加绿色、高效、便捷。1973 年和 1978 年的两次石油危机爆发，导致全球能源价格大幅上涨，为降低用能成本，以分布式能源、节能等新技术和合同能源管理等新模式为代表的综合能源服务逐渐兴起。随着节能技术的进步以及可再生能源开发利用水平的不断提高，新技术/新模式

---

❶ https://en.wikipedia.org/wiki/RWE。

融合式服务发展至今仍然方兴未艾。

最早出现的新技术/新模式融合式服务公司是位于美国德克萨斯州的 Time Energy 公司，该公司为客户提供一种可自动控制电灯及其他设备开关的装置，以此对能源消费进行管理，降低用能开支。起初，上述产品并未热销，主要原因是潜在用户怀疑节能效果是否真的能够实现。为了消除这种疑虑，该公司决定先为用户安装该设备，并要求从用户累计节约的用能成本中提取一定比例的费用，该模式成为了合同能源管理的雏形。基于这一方式，公司的产品销售情况大为好转，在为客户节省了大量用能开支的同时，公司也获取了丰厚的回报❶。

20世纪70年代末，越来越多企业家看到商业机会而进入这一领域。第一批服务商通常是大型能源公司分支机构或小型新兴独立公司，但随着能源危机的结束，用能成本逐渐降低，节能服务的市场空间被压缩，限制了相关产业的快速增长。**进入80年代，服务领域开始细分，形成了一系列面向不同行业的专业服务商**。例如，1982年成立的医院效率公司（Hospital Efficiency Corporation，HEC Inc.）将服务重点放在用能密度较高的医疗领域。**1990年的第三次石油危机再次导致能源成本上升，与此同时，照明、暖通空调和建筑能源管理等高效能源技术水平有效提升，综合能源服务在20世纪90年代再次迎来快速发展，变得越来越普遍。**新技术/新模式融合式服务在建筑能源系统改造、区域能源系统升级等方面得到大量应用。

我国政府对节能、分布式能源技术关注较晚，近年来逐步呈现快速发展之势。2006年8月，《国务院关于加强节能工作的决定》（国发〔2006〕28号）提出调动社会各方面力量进一步加强节能工作，加快建设节约型社会，促进经济社会发展切实转入全面协调可持续发展的轨道，重点加快构建节能型产业体系，抓好工业、建筑、交通等重点领域节能，推进节能技

---

❶ https://en.wikipedia.org/wiki/Energy_service_company。

术进步，加大节能监督管理力度。2013 年 8 月，国务院印发《关于加快发展节能环保产业的意见》（国发〔2013〕30 号），提出广泛采用"节能医生"诊断、合同能源管理、能源管理师制度等节能服务新机制改善能源管理。2010 年南方电网综合能源股份有限公司成立，2013 年国网节能服务有限公司成立（2020 年更名为国网综合能源服务集团有限公司），各类节能服务商快速增长。

四　系统集成式服务

系统集成式服务是基于能源系统的综合集成优化，为用户提供能源整体解决方案。进入 21 世纪，综合能源系统研究在多国兴起，构建区域综合能源系统并提供集成式服务成为新趋势。**欧洲**注重能源系统间的耦合和互动优化，自 1999 年起，各国在欧盟第五、六、七框架下，开展了多能流协同优化、能源和信息系统耦合集成等方面研究。**美国**侧重以分布式能源和智能电网为核心的综合能源供应系统，于 2001 年提出综合能源系统发展计划，促进分布式能源和热电联供技术的推广应用，提高清洁能源使用比重；2007 年颁布《能源独立和安全法案》，要求社会主要供用能环节必须开展综合能源规划。**日本**关注用户侧综合能源系统，2009 年日本政府公布温室气体减排目标，认为构建覆盖全国的综合能源系统，以此优化能源结构、提升能效、促进可再生能源规模化开发，是实现减排目标的必由之路；目前日本能源研究机构致力于智能社区技术研究与示范。

1. 欧洲的能源系统研究

早在 1999 年开始的欧盟第五框架（FP5）中，欧洲就提出了综合能源系统概念，尽管综合能源系统概念尚未被完整提出，但有关能源协同优化的研究被放在显著位置，如 DG TREN（Distributed Generation Transport and Energy）项目将可再生能源综合开发与交通运输清洁化协调考虑；EN-

ERGIE 项目寻求多种能源（传统能源和可再生能源）协同优化和互补，以实现未来替代或减少核能使用；Microgrid 项目研究用户侧综合能源系统（其概念与美国和加拿大所提的 IES 和 ICES 类似），目的是实现可再生能源在用户侧的友好开发。在后续第六（FP6）和第七（FP7）框架中，能源协同优化和综合能源系统的相关研究被进一步深化，Microgrids and More Microgrids（FP6）、Trans - European Networks（FP7）、Intelligent Energy（FP7）等一大批具有国际影响的重要项目相继实施。

（1）英国的能源系统研究。英国的企业注重能源系统间能量流的集成。英国作为一个岛国，和欧洲大陆的电力和燃气网络仅通过相对小容量的高压直流线路和燃气管道相连。英国政府和企业长期以来一直致力于建立一个安全和可持续发展的能源系统。除了国家层面的集成电力燃气系统，社区层面的分布式综合能源系统的研究和应用在英国也得到了巨大的支持。例如英国的能源与气候变化部（DECC）和英国的创新代理机构 Innovate UK（以前称为 TSB）与企业合作资助了大量区域综合能源系统的研究和应用。2015 年 4 月创新英国在伯明翰成立"能源系统弹射器"（Energy Systems Catapult），每年投入 3 千万英镑，用于支持英国的企业重点研究和开发综合能源系统。

（2）德国的能源系统研究。与英国相比，德国的企业更侧重于能源系统和通信信息系统间的集成，其中 E - Energy 是一个标志性项目，并在 2008 年选择了 6 个试点地区，进行为期 4 年的 E - Energy 技术创新促进计划，总投资约 1.4 亿欧元，包括智能发电、智能电网、智能消费和智能储能 4 个方面。该项目旨在推动其他企业和地区积极参与建立以新型信息通信技术（ICT）为基础的高效能源系统，以最先进的调控手段来应付日益增多的分布式电源与各种复杂的用户终端负荷。通过智能区域用能管理系统、智能家居、储能设备、售电网络平台等多种形式开展试点，E - Energy 最大负荷和用电量均减少了 10%～20%。此外，在 E - Energy 项目实施以后，德国政府还推进了 IRENE、Peer Energy Cloud、

ZESMIT 和 Future Energy Grid 等项目。

2. 日本的能源系统研究

日本的能源严重依赖进口，因此日本成为最早开展综合能源系统研究的亚洲国家。2009 年 9 月，日本政府公布了其 2020、2030 年和 2050 年温室气体的减排目标，并认为构建覆盖全国的综合能源系统，实现能源结构优化和能效提升，同时促进可再生能源规模化开发，是实现这一目标的必由之路。在日本政府的大力推动下，日本主要的能源研究机构都开展了此类研究，并形成了不同的研究方案，如由 NEDO 于 2010 年 4 月发起成立的 JSCA（Japan Smart Community Alliance），主要致力于智能社区技术的研究与示范。智能社区是在社区综合能源系统（包括电力、燃气、热力、可再生能源等）基础上，实现与交通、供水、信息和医疗系统的一体化集成。Tokyo Gas 公司则提出更为超前的综合能源系统解决方案，在传统综合供能（电力、燃气、热力）系统基础上，还将建设覆盖全社会的氢能供应网络，同时在能源网络的终端，不同的能源使用设备、能源转换和存储单元共同构成了终端综合能源系统。

3. 美国的能源系统研究

在管理机制上，美国能源部（DOE）作为各类能源资源最高主管部门，负责相关能源政策的制定，而美国能源监管机构则主要负责政府能源政策的落实，抑制能源价格的无序波动。在此管理机制下，美国各类能源系统间实现了较好协调配合，同时美国的综合能源供应商得到了较好发展，如美国太平洋煤气电力公司、爱迪生电力公司等均属于典型的综合能源供应商。

在技术上，美国非常注重综合能源相关理论技术的研发。美国能源部在 2001 年即提出了综合能源系统发展计划，目标是提高清洁能源供应与利用比重，进一步提高社会供能系统的可靠性和经济性，而重点是促进对分布式能源和冷热电三联供技术的进步和推广应用。

第二节　综合能源服务的概念

一 综合能源服务的定义

随着综合能源服务成为行业热点，各方积极介入这一领域，但对于综合能源服务究竟是什么众说纷纭。目前各方多从已开展业务的视角来认识综合能源服务的边界和内部结构，但由于综合能源服务业务种类繁多，因而很难形成共识（见表 1-1）。

表 1-1　　　　　国内各方对综合能源服务的认识

机构/专家	对综合能源服务的认识
国家电网有限公司	综合能源服务是一种新型的、为满足终端客户多元化能源生产与消费的能源服务方式，涵盖能源规划、设计、工程投资建设、多能源运营服务以及投融资服务等方面
南方电网综合能源股份有限公司	节能服务、新能源、分布式能源与能源综合利用三大业务和售电、电动汽车、碳交易、互联网＋能源服务等 N 个新型业务
华润电力控股有限公司	综合能源服务主要包括电力销售、配电网建设与运营、分布式能源，以及能源互联网引领下的新兴业务
浙江浙能电力股份有限公司	综合能源服务包括电、热、冷、气等多种能源供应，光伏、储能等分布式能源开发，节能、检修、运维等需求侧服务与管理，充电桩、电动汽车租赁等智慧交通出行等一系列服务

机构/专家	对综合能源服务的认识
全国配售电企业俱乐部 赵云灏、刘亚玲	综合能源服务包括四类：第一类是综合能源系统的规划、设计、建设等；第二类是综合能源系统的运营、运维等；第三类是综合能源销售基础业务；第四类是需求侧管理、合同能源管理等综合能源销售增值业务，可向其他类型市政统一服务等增值业务扩展
中电能源情报研究中心 封红丽	综合能源服务有两层含义：一是综合能源，涵盖多种能源，包括电力、燃气和冷热等；二是综合服务，包括工程服务、投资服务和运营服务

　　从综合能源服务的发展历程来看，对其进行定义，应立足于理论认识和历史视角，综合考虑能源技术创新、系统形态升级、能源体制变革的影响而得出：**综合能源服务是面向能源系统终端，以满足客户需求为导向，通过能源品种组合或系统集成、能源技术或商业模式创新等方式，使客户收益或满足感得到提升的行为。简言之，就是提供面向终端的能源集成或创新解决方案。**

　　综合能源服务中，**能源是基础**，始终作为提供产品和服务的重要载体。**服务是核心**，通过服务有效满足客户的需求，提升其满足感。**综合是关键**，通过"综合"实现向更高品质、更高效率、更低成本的持续创新。

　　从"综合"来看，企业原本只提供同质化的单一能源服务，当面向终端的多元需求提供能源解决方案时，就已包含"综合"的含义。包括纵向综合，即立足单一能源本身，通过技术和商业模式创新，提供定制化服务；横向综合，即跨出单一能源领域，向其他能源辐射，通过组合和集成方式，提供跨能源品类服务，如图1-4所示。

　　从"服务"来看，企业提供解决方案，消除客户能源需求的"难点""疑点""痛点"，使其收益或满足感得到提升，就是一种"服务"行为。其包括两种形式，单一解决方案，即满足客户对能源某一方面的专业服务需

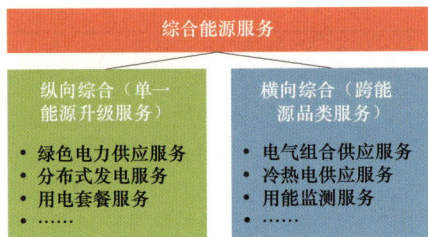

图 1-4 以不同的"综合"划分综合能源服务

求；整体解决方案，即提供系统性、一站式服务，全面满足客户的能源需求。随着技术进步、经验积累，整体解决方案将成为能源企业提供综合能源服务的主要形态，如图1-5所示。

图 1-5 以不同的"服务"划分综合能源服务

二 综合能源服务的内涵

综合能源服务坚持以用户需求为中心的发展理念。传统能源服务是以能源产品为中心，向终端用户供应同质化的能源产品，由用户根据自身需求进行购买。综合能源服务以用户需求为中心，充分考虑用户的用能特点，灵活利用集中式供能和分布式能源，结合节能降耗、绿色低碳等技术，为用户提供能源整体解决方案，以较为经济的方式均衡满足用户在环保、便捷性等方面的多元化需求。

综合能源服务以绿色低碳、智能高效为主要特征。针对用户而言，其核心需求是提升能源管理水平、降低用能成本。综合能源服务运用先进技

术，一方面提升综合能效，压降用户能源消费总量并优化能源消费结构，降低用户用能成本；另一方面实现智能管控，提升对能源流的精细控制能力。针对社会而言，可持续发展是当前各方关注重点，而能源的绿色低碳化是实现这一目标的关键。综合能源服务大量开发利用太阳能、风能、地热能等可再生能源资源，有效降低能源生产消费过程中的污染物排放和碳排放。

综合能源服务以先进信息技术为关键抓手。单个能源设备的效率提升幅度较为有限，通过物联网、5G、大数据等先进信息技术将各类能源设备有机连接，构建设备级综合能源管控平台对电、气、冷、热等多能流进行统筹优化，以系统集成方式进行综合提效是综合能源服务的重要发展趋势。随着能源流和信息流融合得愈发紧密，先进信息技术在综合能源服务中将发挥越来越大的作用，成为推动综合能源服务发展的关键抓手。

三　综合能源服务的价值

发展综合能源服务对于能源系统自身和整体经济社会发展均具有重要意义。对内而言，发展综合能源服务是贯彻落实能源革命的重要着力点，能够有力推动能源消费、供给、技术、体制变革，促进能源国际合作；对外来看，发展综合能源服务是推动能源供给侧结构性改革落地的重要举措，能够有效降低用户用能成本、提升企业竞争力，同时减少环境污染，促进经济社会高质量发展。

1. 发展综合能源服务是贯彻落实能源革命的重要着力点

（1）推动能源消费革命。发展综合能源服务能够以绿色高效的方式满足用户能源需求，有效降低工业、建筑、交通等主要用能领域的能源消费总量，推动全社会节能减排，树立勤俭节约消费观。

（2）推动能源供给革命。综合能源服务广泛采用分布式光伏、分散式风电、热泵等技术，促进可再生能源开发利用，有效提升可再生能源占比，优化一次能源结构，促进形成多轮驱动的能源供应体系。

(3) 推动能源技术革命。发展综合能源服务能够加快高效节能技术、清洁低碳能源开发利用技术突破，实现能源同信息等其他领域高新技术的紧密结合，带动产业创新、商业模式创新，打造光伏、风电、储能等战略性新兴产业集群。

(4) 推动能源体制革命。以多能互补的分布式系统为基础，依据不同能源的价格变化动态优化运行方式是综合能源服务发展的重要方向。发展综合能源服务能够加快打破不同能源间的体制壁垒，推动市场化转型。

(5) 推动能源国际合作。综合能源服务与综合能源系统、能源互联网等息息相关，受到各国广泛关注。发展综合能源服务能够深化能源技术国际合作，增强我国在国际能源事务中的话语权。

2. 发展综合能源服务是推动经济社会高质量发展的关键举措

(1) 带动产业链协同发展。发展综合能源服务有助于拉动产业投资，带动设备、施工、金融等上下游企业协同发展，更好地服务于经济高质量发展。

(2) 创造就业岗位。壮大综合能源服务产业，将在技术研发、工程建设、项目运营等环节创造大量就业岗位，2025 年综合能源服务从业人数有望达到约 800 万人。

(3) 促进市场化体制机制健全完善。综合能源服务有赖于市场机制的完善，相关探索将加快电力市场化改革、混合所有制改革落地进程，促进要素市场化配置效率提高。

3. 发展综合能源服务是服务用户降本增效的有效途径

(1) 提高终端用户能源利用效率。综合目前开展项目来看，大型公共建筑能效提升潜力为 11%～25%，工业企业能效提升潜力为 7%～25%，园区能效提升潜力为 19%～30%。

(2) 降低终端用户综合用能成本。大型公共建筑降本空间为 5%～18%，工业企业降本空间为 6%～20%，园区降本空间为 6%～25%。

四　综合能源服务与能源互联网企业的关系

　　建设能源互联网背景下，能源行业产业形态将发生显著变化，明确综合能源服务和能源互联网企业的关系，对于更深入地理解综合能源服务具有重要意义。

　　综合能源服务与能源互联网企业的关系如图 1-6 所示。能源互联网与互联网行业具有相似的特性。相互对比来看，电网、油气管网、热力管网等业务为能源流的配置提供基础平台，是能源互联网企业的"管道"型业务；综合能源服务面向终端、贴近用户，提供解决方案，满足用户定制化能源需求，具有典型的"内容"型业务特征。

图 1-6　综合能源服务与能源互联网企业的关系

　　从互联网行业的发展实践来看，"管道"型业务是基础，"内容"型业务是关键。随着信息技术的快速发展，互联网用户在衣食住行等多方面的信息需求快速增长，使得"内容"型业务成为互联网行业的价值高地。三大基础网络运营商对终端用户的多元化、个性化需求重视不足，没有及时创新业务内容，逐步丧失终端客户市场主导权。目前，产业链高端环节被互联网企业占据，三大基础网络运营商仅成为提供数据传输和业务支撑的

"管道"，失去了用户终端市场的竞争能力。

在建设能源互联网过程中，用户对于能源将提出愈发多元化、个性化、精细化的需求，将使得"内容"型业务的价值愈发凸显，综合能源服务业务将成为各类能源企业竞争的重点领域。传统大型能源企业只有紧抓综合能源服务业务，实现对"管道"和"内容"的双重把控，才能有效防范"被管道化"的风险，在能源互联网发展中占据核心位置。

本章小结

本章系统描述了综合能源服务的发展脉络，详细介绍了能源组合供应式服务、新技术/新模式融合式服务、系统集成式服务三种业务形态，并提出了综合能源服务的定义，解析了综合能源服务内涵、价值以及与能源互联网企业之间的关系。主要结论如下：

（1）从发展历程来看，综合能源服务先后出现了能源组合供应式服务、新技术/新模式融合式服务、系统集成式服务三种业务形态。能源组合供应式服务是将不同种类的能源组合并向用户供应；新技术/新模式融合式服务是将新技术或新商业模式与能源生产消费相融合，使其更加绿色、高效、便捷；系统集成式服务是基于能源系统的综合集成优化，为用户提供能源整体解决方案。目前，综合能源服务发展总体呈现出技术创新加速、新型商业模式不断涌现、更加注重系统集成融合三方面特点。

（2）从定义来看，综合能源服务就是"提供面向终端的能源集成或创新解决方案"。综合能源服务是面向能源系统终端，以满足客户需求为导向，通过能源品种组合或系统集成、能源技术或商业模式创新等方式，使客户的收益或满足感得到提升的行为。

（3）从内涵来看，综合能源服务坚持以用户需求为中心的发展理念，以绿色低碳、智能高效为主要特征，以先进信息技术为关键抓手。传统能源服务是以能源产品为中心，向终端用户供应同质化的能源产品；综合能源服务以用户需求为中心，充分考虑用户的用能特点，为用户提供能源整体解决方案。综合能源服务为用户降低用能成本，提升用能便捷性，为社会降低能源生产消费过程中的污染物排放和碳排放，推动可持续发展。通过物联网、5G、大数据等先进信息技术将各类能源设备有机连接，对电、气、冷、热等多能流进行统筹优化，以系统集成方式进行综合提效是综合能源服务的重要发展趋势。随着能源流和信息流融合得愈发紧密，先进信息技术在综合能源服务中将发挥越来越大的作用。

（4）从价值来看，发展综合能源服务对于能源系统自身和整体经济社会发展均具有重要意义。对内而言，发展综合能源服务是贯彻落实能源革命的重要着力点，能够有力推动能源消费、供给、技术、体制变革，促进能源国际合作；对外来看，发展综合能源服务是推动能源供给侧结构性改革落地的重要举措，能够有效降低用户用能成本、提升企业竞争力，同时减少环境污染，促进经济社会高质量发展。

（5）从本质来看，综合能源服务是能源互联网企业的"内容"型业务。综合能源服务面向终端、贴近用户，提供解决方案，满足用户定制化能源需求，具有典型的"内容"型业务特征。传统大型能源企业发展综合能源服务，有利于提升客户黏性，实现对"管道"和"内容"的双重把控，有效防范"被管道化"风险，在能源互联网发展中占据核心位置。

第二章　综合能源服务的体系架构

第一节　综合能源服务的业务构成

一　业务范围

综合能源服务提供面向终端的能源集成或创新解决方案，其所面向的终端是指由能源分配、分布式能源生产、能源消费组成的**综合能源服务"金三角"**，如图 2-1 所示。

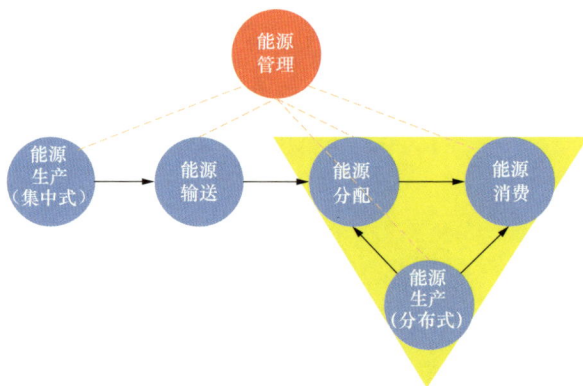

图 2-1　综合能源服务"金三角"

综合能源服务"金三角"聚集最广泛的服务需求，是价值高地。一方面，分布式能源生产和传统能源消费结合产生大量能源产消者，带来能源服务新需求；另一方面，能源分配环节逐步放开，多元主体竞争为专业化服务带来新机遇。

综合能源服务"金三角"加速能源系统终端融合，是创新高地。分布式能源发展加速能源系统终端融合，多能互补、梯级利用提升综合能效成为当前创新热点。能源系统终端的物理信息融合提升能源可控性，引领能源互联网技术创新。

二 业务分类

按照综合能源服务的定义，其业务可分为"品类＋""技术＋""模式＋""系统＋"四大类，如图2-2所示，既有简单组合式的"综合"，又有融合创新式的"综合"。

品类＋（Category＋，C＋）业务，指对不同品类的能源进行组合销售，能够提升客户用能的便捷程度，但简单组合难以产生更多衍生价值。

技术＋（Technology＋，T＋）业务，指应用能源、信息等新技术对设备、服务进行升级改造，提升客户消费的能源产品和服务质量。

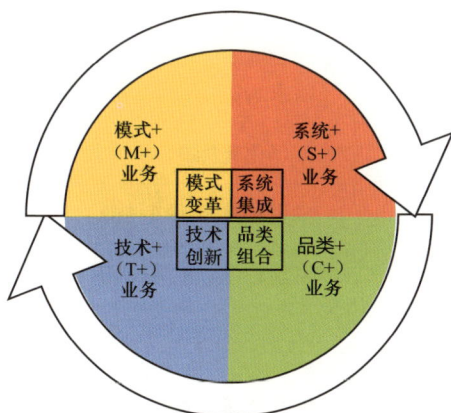

图 2-2 综合能源服务业务分类

模式＋（Mode＋，M＋）业务，指应用新模式进行资源重组、流程再造，提升客户用能体验。

系统＋（System＋，S＋）业务，指基于集成化能源系统，实现协同运行、互补增效，构建整体解决方案。

在梳理现有业务和考虑未来发展趋势的基础上，可形成由 4 大类、10 小类，共计 40 多项基础业务构成的综合能源服务全业务表，见表 2-1。

表 2-1　　　　　　　　　　综合能源服务全业务表

大类业务	小类业务	基 础 业 务
品类＋	多能供应	电＋气、电＋热/冷、电＋气＋热/冷、气＋热/冷
技术＋	能源新技术	分布式光伏、分布式生物质、分布式天然气、热泵、余热余压利用、电池梯次利用、节能照明、配电网节能（节能）、电锅炉、电窑炉、港口岸电、廊桥岸电（电能替代）、储能、充电桩、氢能
	信息能源融合技术	用能监控、能源数据增值服务
模式＋	客户表后服务	用能业务代办、设备检测、专业运维、电能质量管理、分布式能源交易
	系统辅助服务	需求响应、基于储能的辅助服务
	能源销售新模式	市场化售能
	能源金融	融资租赁、绿色债券
	能源咨询	用能咨询、能效诊断、交易预测、能源审计
	能源环保	碳资产管理、绿证管理、绿色能源认证
系统＋	系统集成服务	园区能源一体化供应、建筑绿色能源系统、家庭智慧能源系统

第二节　综合能源服务的产业生态

一　产业生态圈

综合能源服务产业生态由能源消费者、能源服务企业、支撑企业、研究机构、行业协会、政府六部分共同构成，呈现出主体众多、链条复杂的特点，如图 2-3 所示。

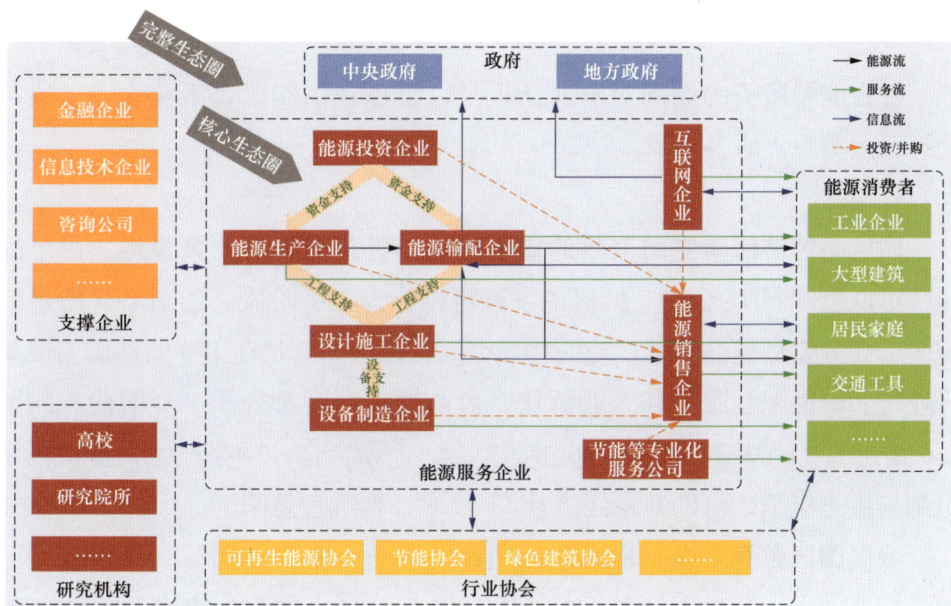

图 2-3　综合能源服务的产业生态圈

从**产业链**来看，能源服务企业处于核心位置，是产业发展的领导者。能源服务企业能够引导支撑企业、研究机构、行业协会等协作力量，共同促进综合能源服务产业生态发展。

从**供应链**来看，独立供应形态逐步向联合供应形态发展。设备制造企业、能源生产企业、设计施工企业、节能等专业化服务公司和互联网公司均能够向用户直接提供综合能源服务；通过投资并购能源销售企业，上述企业能够将其专业优势与能源销售有机结合，形成联合供应模式，充分提升客户黏性，获取更大竞争优势。

从**价值链**来看，能源输配企业、能源销售企业和跨界进入的互联网公司最贴近用户，位于价值链的上游。其中能源输配企业掌握最主要的能源流和信息流，具有明显的竞争优势；而互联网公司缺乏能源流，能源销售企业信息流有限，因此目前竞争力弱于能源输配企业。

二 服务对象

综合能源服务的面向对象非常广泛，重点包括园区、工业企业、建筑物等三大类重点服务对象。

1. 园区

园区是经济活动空间聚集的重要形式，更是高新产业聚集地。最早的园区可以追溯到 18 世纪，园区的发展可以分为三个阶段（如图 2-4 所示）：园区 1.0 主要是提供基础设施的物理空间；园区 2.0 是在 1.0 的基础上聚集产业链、提供配套服务和企业孵化，目前很多园区都处于 2.0 阶段；园区 3.0 是在 2.0 的基础上加上产业链的整合、产学合作、网络社区、提供创新机制与生态氛围，借助共享经济及 IT 技术，构筑智慧园区。

我国园区数量众多。目前全国国家级高新技术产业园区、经济开发区数量超 300 家，各类省级产业园区超 1200 家，较大规模的市产业园区 1000 多家，县以下的各类产业园区更是数以万计。

园区是未来能源电力消费的增长引擎，将成为开展综合能源服务的主战场。首先园区电力消耗量大，有大量的电力需求，是拉动各地经济的增长点。另外，园区的用户用能方式多元化，具备形成综合用能增值服务的

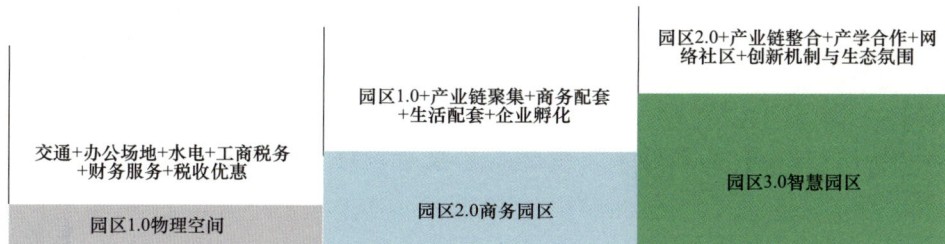

图 2-4 园区发展历程

条件。园区配电网范围清晰，社会资本进入容易。从另一个角度上看，园区管理者可以通过降电价增强招商引资优势，体现改革成果。

园区客户需求可大致分为三大类：一是经济高效。园区对电、热等需求量大，且随着生产要素成本增加，园区内企业如果产生高昂的电力、热力等能源成本，就难以发挥自身优势参与全国同行业竞争，因此园区内企业对能源价格、能效水平极为敏感，从而导致经济性和高效性成了大部分园区的迫切需求。**二是安全。**安全是企业生存发展的必要条件，对于园区来说，安全性更是在企业发展的过程中占有举足轻重的作用，尤其是高新产业园区，对能源供给可靠性、能源质量都有较高的要求，忽视安全隐患，必将会给园区内的企业带来巨大的经济损失。**三是环保。**园区另一个最大压力是环保和碳排放问题，政府也提出了新旧功能转换的概念，原来粗放、高增长、高能耗的管理模式要转变，要根据国家或地方强制性环保政策的要求，进行环保减排的改造，否则面临关停、罚款的风险。

2. 工业企业

工业企业能耗占比大，高耗能设备多。工业企业是中国能源消费大户，能源消费量占全国能源消费总量的 70％左右。六大高耗能行业——电力、石化、化工、有色、冶金和矿业的能耗占全社会能耗一半以上。单个设备的功率最大超过 10MW，相当于一个大型商业综合体。

工业企业总体上朝着低能耗、低排放的方向发展。从全球工业发展来看，工业长期保持着高投入、高消耗、高排放的发展方式，导致能源消耗量大，生态环境问题比较突出。当前发达国家已经加快构建科技含量高、资源消耗低、环境污染少的绿色制造体系，加快推进工业企业的综合能源服务，有利于推进节能降耗、实现降本增效。

工业企业用能差异性大，生产工艺复杂，综合能源服务面临专业性挑战。工业用户种类繁多，能源供给及能源消费遍及几乎所有能源种类，不同的工业生产差异很大，生产过程的前后关联性很强。综合能源服务商必须对生产工艺有一定了解，并能够有针对性地提出解决方案，达到工业企业对经济性、安全性、环保性、便捷性的需求，具有较大挑战。这也是诸多综合能源服务商不把工业企业作为重点面向对象的原因。

工业企业客户需求可大致分为四大类：一是保障设备持续安全可靠运行。由于工业设备高耗能、大功率设备多，生产设备必须长时间持续稳定运行，以便确保设施的高利用率，因此设备的暂停运行和故障都会带来不可估量的经济损失，因此工业对能否保障设备持续可靠运行提出了极高的要求。**二是实现能源成本管控**。工业是高耗能的行业，实现对能源的精细化管理，合理调配能源的分配情况，对于企业降低能耗成本、扩大经营再生产来说具有重要的意义。**三是降低运营管理强度**。工业具有规模大、设施分布广，其日常能源的管理强度极大，依靠传统的管理模式无法满足企业需求和可靠性保障的要求，必须借助能源管理系统进行科学管理减轻运维人员的运维压力，满足企业的运维需求。**四是达到强制性环保要求**。工业企业面临国家和地方强制性环保政策的压力，环境保护与经济效益形成较大冲突，如何在尽可能少的环保投入下达到最佳的环保效果，是企业重点关注的方向。

3. 建筑物

随着人民生活水平提高，建筑能耗持续增长。建筑包括公共建筑、城镇住宅和农村住宅。其中，公共建筑是指供人们进行各种公共活动的建筑，一般包括办公楼、商业综合体、学校、医院、交通枢纽等。建筑用能主要是建筑使用过程中由外部输入的能源，包括维持建筑环境的用能（如供暖、

制冷、通风、空调和照明等）和各类建筑内活动（如办公、家电、电梯、生活热水、炊事等）的用能等。近年来，建筑能耗也越来越大，尤其是公共建筑，给能源供应和环境保护都造成了很大的压力，面向建筑的综合能源服务市场潜力空间较大。

不同建筑类型的能源使用特征不同。以商场、酒店、办公为例。**商场**营业时间每天长达 12h 以上，且全年营业，由于内部发热量大，空调开启时间也比其他公共建筑长，因此其单位面积的电耗在大型公共建筑中是最高的。**酒店**虽然营业时间长，但由于受到旅游季节变化和入住率波动的影响，多数时间是在部分负荷下工作。**办公楼类建筑**全年使用时间大约为 250 天，每天工作 8h，设备全年运行时间为 2000h 左右。由于人员数量决定计算机等设备的开启数量，室内照明相对固定，故写字办公楼类建筑室内能耗与人员数量密切相关。

建筑客户需求可大致分为三大类：一是舒适。随着人们生活水平的提高，对室内环境的舒适性要求越来越高。**二是高效**。根据 2017 年 3 月 1 日住房城乡建设部发布的《建筑节能与绿色建筑发展"十三五"规划》，要求城镇新建建筑能效水平比 2015 年提升 20％，建筑客户为达到绿色建筑标准需要，迫切需要先进节能服务。**三是便捷**。建筑客户只希望用好能，不希望投入时间和人力对建筑能源系统进行管理。

三 服务提供者

1. 分类

按照综合能源服务的主要市场参与主体，综合能源服务者可分为能源公司、技术公司、规划设计院、工程建设企业和设备企业等类别。

（1）能源公司。以石油石化企业、天然气企业、发电企业、电网企业、售电公司等为代表的综合能源服务商是市场重要主体。这些企业依托主业优势，抓住当前能源体制改革机遇，积极向综合能源服务商转型，延长产业链，进行资源整合和升级，由单一能源供应商向综合能源服务商转变，打造新的利润增长点，提升市场竞争力。

(2) 技术公司。以能源科技企业、互联网企业等为代表的技术公司，将信息技术与能源相融合，适合开拓一些新型增值服务。通过将能源管控、系统运维、应急管理等业务与移动互联网、云计算、大数据、物联网等技术相结合，打造综合能源服务平台，面向智能家居、智慧楼宇、智慧园区、智能工厂、智能交通、智能城市等，提供技术性解决方案，培育能源与互联网融合发展新模式。

(3) 规划设计院。具有方案设计、规划、用能诊断和咨询的能力，可以对能源供应方案进行设计、评价与优化，从供需平衡状况、经济效益、环境效益等方面对各方案做出评价。

(4) 工程建设企业。具有建筑设计、施工、建造一体化服务能力，在增量建设和存量改造业务中，提供工程设计与实施等服务。

(5) 设备企业。具有能源领域相关设备研发、生产、供应的能力，可以为综合能源项目过程中所需要的设备采购、设备租赁、设备维护等服务。

2. 核心资源

综合能源服务商要具有资本、技术、品牌、客户、资质等方面核心资源，以保持在综合能源服务市场的竞争能力，实现可持续发展。

(1) 资本资源。企业规模巨大或以国有企业为背景的综合能源服务，具有强大的资本资源，能在开展综合能源服务资本密集型的项目中占据优势，比如大型能源站的投资建设等。

(2) 技术资源。科技是第一生产力，具有科研人员储备、先进的综合能源技术和产品、先进信息技术等的企业，可开展技术密集型综合能源服务业务，可保持市场竞争优势。

(3) 品牌价值。具有较好品牌价值的企业，可以在业务拓展、营商环境、融资贷款等方面更具优势。

(4) 客户资源。强大的客户资源可以为综合能源服务商的业务挖掘及客户服务创新提供强大的信息支撑和保障。

（5）资质资源。资质是开展相关业务的门槛，综合能源服务涵盖能源规划设计、工程投资建设、运营维护等多个方面，需要具备工程设施、施工总包、承装（修、试）等资质。

第三节　综合能源服务的商业模式

由于综合能源服务客户需求多样，项目点多面广，技术类别复杂，服务提供者众多，其服务模式呈现多元化特征。综合能源服务的商业模式需要充分结合不同客户的需求和服务提供者的背景特征，进行灵活选取。目前，主要商业模式可分为非投资类商业模式、合同能源管理类、投资建设运营类等，如图 2-5 所示。

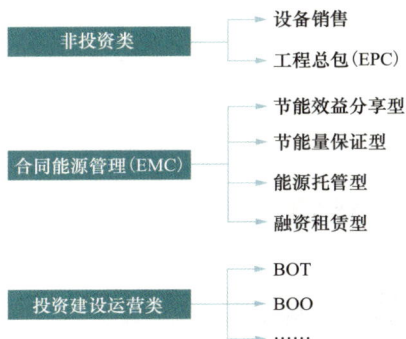

图 2-5　综合能源服务的商业模式

一　非投资类

非投资类商业模式主要包括设备销售模式、工程总包（EPC）模式等，主要面向设备制造企业、工程服务公司、规划设计院等。

（1）设备销售模式。设备销售模式是综合能源服务公司、设备制造商或项目公司通过生产集成或采购转卖相关设备赚取收益的商业模式。在综合能源服务项目中涉及各类燃气设备、电气设备、储能设备、信息传感设备等多种设备。该模式在涉及设备改造类、建设类项目中广泛采用，参与设备销售项目公司承担的市场风险较小，但需要具备一定的产品优势和销售资源优势。

（2）工程总包（EPC）模式。工程总包（Engineering Procurement Construction，EPC）模式是指综合能源服务公司受业主委托，按照合同约定对工程建设项目的设计、采购、施工、试运行等实行全过程或若干阶段的承包，最终向业主提交一个满足使用功能、具备使用条件的工程项目。工程（Engineering）是指从工程内容总体策划到具体的设计工作，采购（Procurement）包括建筑材料的采购和专业设备、材料的采购；建设（Comstruction）是指从施工、安装到技术培训。EPC 模式各主体关系如图 2-6 所示。EPC 模式适用于具备建筑业企业资质、承装（修、试）电力（冷、热）设施许可、安全生产许可等资质的综合能源服务公司，风险较低，可获取一次性稳定收益。

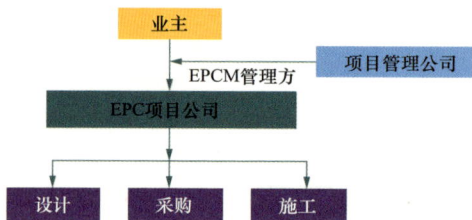

图 2-6　EPC 模式各主体关系示意图

二 **合同能源管理**

合同能源管理（Energy Management Contracting，EMC）是节能服务

公司与用能单位以契约形式约定节能项目的节能目标，节能服务公司为实现节能目标向用能单位提供必要的服务，用能单位以节能效益支付节能服务公司的投入及其合理利润的节能服务机制。EMC 模式流程图如图 2-7 所示。其实质是以减少的能源费用来支付节能项目全部成本的节能业务方式，允许用户使用未来的节能收益为工厂和设备升级，降低目前的运行成本，提高能源利用效率。

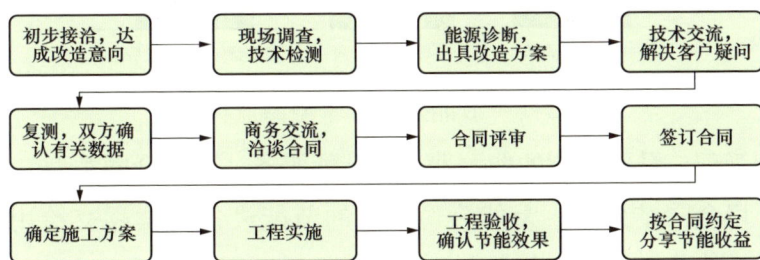

图 2-7 EMC 模式流程图

综合能源服务公司通过与客户签订综合能源服务合同，为客户提供包括用能分析、能效诊断、节能咨询、能源审计、节能改造、节能核查等一整套的综合能源服务，并从客户进行综合能源改造后获得的节能效益中收回投资和取得利润。

合同能源管理商业模式分为节能效益分享型、节能量保证型、能源托管型、融资租赁型等。其中，节能效益分享型和能源托管型是当前综合能源服务领域主流的商业模式。

在节能效益分享型商业模式中，节能改造工程的投入按照节能服务公司与用户的约定共同承担或由节能服务公司单独承担，如图 2-8 所示。项目建设施工完成后，经双方共同确认节能量后，双方按合同约定比例分享节能效益。项目合同结束后，节能设备所有权无偿移交给用户，以后所产生的节能收益全归用户。

在能源托管型商业模式中，用户委托节能服务公司出资进行能源系统的节能改造和运行管理，并按照双方约定将该能源系统的能源费用交节能

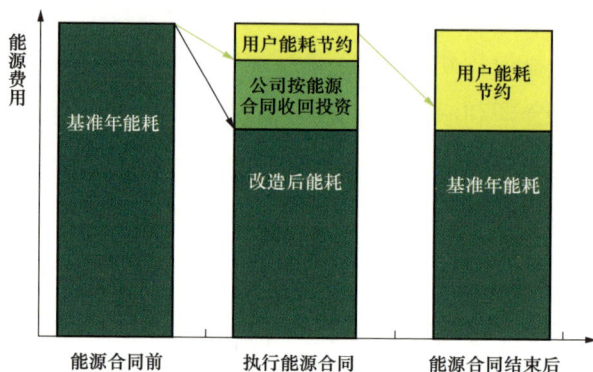

图 2-8　节能效益分享型商业模式

服务公司管理，系统节约的能源费用归节能服务公司的合同类型，如图 2-9
所示。项目合同结束后，节能公司改造的节能设备无偿移交给用户使用，
以后所产生的节能收益全归用户。

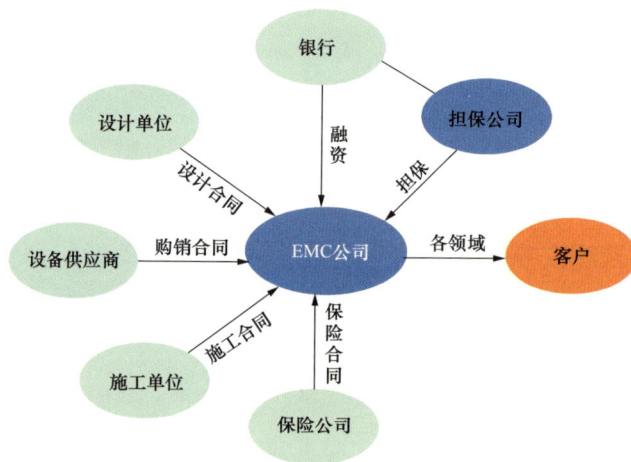

图 2-9　能源托管型商业模式

三　投资建设运营类

具备投融资能力或资金雄厚的综合能源服务商，适合采用投资建设运

营类商业模式开展大型能源站建设、节能改造等投资规模较大、业主资金实力难以满足项目初投资的综合能源服务项目。该类商业模式根据资产持有方、运营方式等的不同，可分为 BOT（建设-运营-转让）、BOO（建设-拥有-经营）等模式。

（1）BOT 模式。BOT 模式即建设-运营-移交（Build - Operate - Transfer）模式。该模式以项目发起者与项目公司达成协议为前提，允许项目公司在一定时期内筹集资金建设基础设施并管理和经营该设施及其相应的产品与服务，通过对综合能源服务项目运营以及当地政府给予的其他优惠来回收资金以还贷，并取得合理的利润。特许期结束，服务商将固定资产移交给项目发起者，如图 2-10 所示。

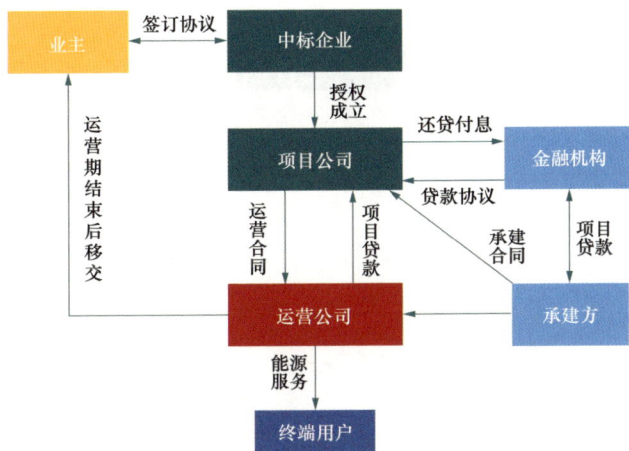

图 2-10　BOT 模式各主体关系示意图

BOT 模式具有资金融通更灵活的优势，可应用于投资量大、业主投资能力欠缺的综合能源服务项目。但 BOT 模式项目运营时间较长，容易产生多种风险，对企业风险控制能力提出了较高要求。

BOT 模式能够实现多方共赢。对于项目发起方而言，其最大的好处是节省大型能源设备的投资；对于管理者而言，可以形成建设、运营的连续性，避免供能质量波动产生的负面影响；对于业主而言，在得到优质能源服务的同时，也避免了设备的运维费用，运营期后可有偿/无偿持有全套设备资产。

(2) BOO 模式。BOO 模式即"建设-拥有-经营"（Build－Own－Operate）模式，是 BOT 模式在工程实践过程中逐渐演变的一种形式，其与 BOT 模式的区别在于：BOT 项目中，项目公司在特许期结束后必须将项目设施交还政府，而在 BOO 项目中，项目公司在建设后即可选择拥有项目设施资源，并拥有不受任何时间限制的长期经营权。

除了 BOO 模式以外，基于 BOT 模式近年还形成了多种衍生模式，包括 BT（建设-移交）、BSO（建设-出售-运营）等模式。这些模式体现了项目发起方愿意将项目设施提供给建设方的私有化程度。

本章小结

本章从业务构成、产业生态和商业模式三方面分析了综合能源服务的体系架构。主要结论如下：

（1）综合能源服务面向的终端是指由能源分配、分布式能源生产、能源消费组成的综合能源服务"金三角"。综合能源服务的业务可分为"品类＋""技术＋""模式＋""系统＋"四大类，既有简单组合式的"综合"，又有融合创新式的"综合"。

（2）综合能源服务产业生态由能源消费者、能源服务企业、支撑企业、研究机构、行业协会、政府六部分共同构成，呈现出主体众多、链条复杂的特点。

（3）综合能源的服务对象广泛，重点包括园区、工业企业以及建筑物三大类。这些服务对象对能源的经济性、高效性、环保性、舒适性等具有不同程度的需求。

（4）综合能源服务提供者包括能源公司、技术公司、规划设计院、工程建设企业和设备企业等。这些服务提供者分别掌握资本、技术、品牌、

客户、资质等资源。

（5）由于综合能源服务客户需求多样，项目点多面广，技术类别复杂，服务提供者众多，其服务模式呈现多元化特征。综合能源服务的商业模式需要充分结合不同客户的需求和服务提供者的背景特征，进行灵活选取。目前，主要商业模式可分为非投资类商业模式、合同能源管理类、投资建设运营类等。

第三章　综合能源服务的发展驱动力与演化模式

第一节　综合能源服务的发展驱动力

综合能源服务发展受多种力量相互作用形成的合力驱动，这些驱动力包括四个维度，即"需求""供给""技术"和"政策"。"需求"和"供给"是综合能源服务发展的根本动力，"技术"和"政策"通过促进"需求"和"供给"演化升级，助力综合能源服务发展。

从推进综合能源服务发展的"四维度驱动力"着手，构建了综合能源服务发展驱动力模型，如图 3-1 所示。

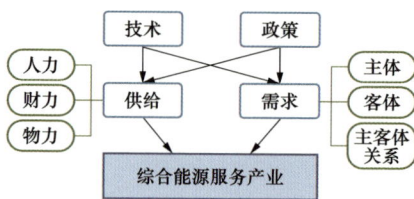

图 3-1　综合能源服务发展驱动力模型

一　需求驱动

综合能源服务的最终目的就是要满足需求，需求的状况及其变化是驱动综合能源服务发展的最重要因素。需求因素主要包括需求主体、需求客体、需求主客体关系三个维度。

1. 需求主体

需求主体即消费者，需求主体产生需求，并存在需求偏好。需求主体所产生的驱动力主要源自主体观念的升级，更加注重品质的提升和良好的体验，更加注重个性化需求的满足，更加注重实物之外的精神内涵。

综合能源服务需求主体是指能源消费者。消费者对综合能源服务需求层次如图 3-2 所示。它的最低层次需求是满足基本能源保障，实现用能安全；第二层次是追求能源消费的便捷性和经济性；第三层次是需求主体愿意为清洁能源支付更高的用能成本或者改变原有用能习惯，以实现清洁低碳用能；最高层次是满足个性化需求，实现更加灵活、甚至按需定制的用能服务。需求主体的需求层级不断升级，将带来综合能源服务的进一步发展，驱动综合能源服务向便捷、经济、清洁、低碳、个性化的方向升级。

图 3-2 综合能源服务需求层次

2. 需求客体

需求客体即能用于交换的产品或服务。当前，需求客体的范围逐步扩大，品类、品牌等不断丰富，品质、性价比等不断提升。但消费终将回归本质，需求客体是为了主体而存在，是为了满足主体的需求而存在。

综合能源服务需求客体是指为需求主体提供的能源商品及服务。能源服务商正致力于实现能源商品的清洁化和电气化、多能源品种间的多能互补与协同化、能源服务的多元化等。能源商品及服务处于持续转型升级中，品类、品牌等不断丰富，品质、性价比等不断提升。

3. 需求主客体关系

需求主客体关系即需求满足方式，主客体关系始终处于动态变化中，其目的是为了更好地建立需求主体和需求客体之间的联系，使需求客体更快、更好地满足需求主体。传统的主客体关系主要是单一主客体关系，随着互联网的兴起，多极交互主客体关系发展起来。

综合能源服务需求主客体关系正在从以客体为中心向以主体为中心转移，即综合能源服务不是以能源本身为中心，而是强调以能源消费者为中心。从传统的供给保障型向需求驱动型发展，促使能源消费者从被动接受向主动参与升级。综合能源服务将根据能源消费者的需求导向，不断优化主客体关系，使其呈现出用能决策智能化、用能共享化、能源商品及服务定制化等新特征。

二 供给驱动

驱动产业发展的供给因素是指人、财、物等生产要素供给，主要包括人力资源、资本供应、资源禀赋等。

1. 人力资源

从"人力"角度看，人力资源水平影响综合能源服务产业创新发展水平。在劳动力素质好、受教育程度高的地区，综合能源服务以技术密集型为主，倾向于承揽专业性强、难度高、具有示范引领价值的业务。在人力资源充裕、受教育程度一般的地区，劳动力供给量大，价格低廉，综合能源服务业务倾向于相对成熟的劳动密集型业务。

2. 资本供应

从"财力"角度看，资本供应总量规模、增长速度、充足程度、价格水平（利息率）等影响综合能源服务产业的生产规模和发展速度。在综合能源服务领域，国有能源企业资金相对充裕且资本价格相对低廉，在发展资本密集型业务方面具备明显竞争优势。对小企业而言，资本短缺往往成为发展瓶颈，发展资本依赖度较低且能够尽快回笼资金的轻资产业务是小企业的较优策略。

3. 资源禀赋

从"物力"角度看，资源禀赋影响综合能源服务的具体形式。综合能源服务以因地制宜为原则，通过合理开发本地资源，并优化利用外部资源，以保证资源的最优配置。例如，东部地区具有一定的太阳能、风能、生物质能、地热能等资源，可以推动分布式光伏、分散式风电、生物质发电供热、热泵等业务；同时结合市政供电、供气、供热，满足客户对电、热、冷、气的需求。

人力资源、资本供应和资源禀赋具有一定的互补性。当某种因素缺乏时，能源服务商可以利用其他因素进行替代，从而推动综合能源服务业务类型的优化调整。例如，在资源禀赋较为一般的地区，可以充分利用人力资源、加大资本投入，通过分布式能源开发、能源综合利用和综合能效提升等代替传统化石能源或大型清洁能源开发，减轻资源禀赋不足对该地区综合能源服务发展的不利影响。

三 技术驱动

技术创新是推动综合能源服务发展的重要动力，为扩展市场空间、优化产业结构提供强大动力。

1. 技术创新影响需求因素

技术创新能够改变需求侧，激发消费主体产生"个性化"需求。人工智能、大数据等信息技术向能源领域快速渗透，为消费"个性化"创造了可能。能源消费者可以通过智能终端掌握自身用能和系统供能情况，依据市场信号和系统运行情况主动调整自身用能行为，成为能源系统的主动调节元素。

2. 技术创新影响供给因素

技术创新能够优化供给侧，调整能源供给结构和利用方式，形成新的比较优势。颁式可再生能源发电、低温高效热泵等技术正在"成本驱动"下快速创新发展，储能、P2X（电转其他能源）、氢能、多能耦合转换等技术正逐步"商业化"，将为客户侧能源供给提供更多选择和更大的优化配置空间。

3. 技术创新推动业务更替

技术创新能够推动业务更替，加快产业升级。未来综合能源服务将向一体化业务模式演进，面向园区、建筑、家庭等场景提供综合能源解决方案。技术创新将从环节、系统等维度促进传统能源业务的快速融合，以实现真正的"综合"与"集成"，创造更高的服务附加值。

四 政策驱动

产业政策会影响人力、资本等供给要素以及能源服务数量、种类、质量等需求要素，从而影响综合能源服务产业发展方向和速度。例如，能源产业规划、价格补贴、环保限产等政策影响综合能源服务业务供给。价格补贴政策的改变会引导市场需求，刺激市场繁荣或导致衰退。

目前，国家尚未出台直接面向综合能源服务的产业政策，但针对能源综合利用，发展改革委、能源局等部门曾相继出台《关于推进多能互补集成优化示范工程建设的实施意见》《关于推进"互联网＋"智慧能源发展的指导意见》《关于推进新能源微电网示范项目建设的指导意见》等重要政策，积极推动多能互补、能源互联网、新能源微网等领域项目示范。在能源革命背景下，可以预期未来综合能源服务发展的政策环境将进一步趋好。

第二节 综合能源服务演化模式

本节结合产业经济学相关理论，从业务发展、市场主体、市场结构、产业组织等角度分析综合能源服务演化模式。

一 业务发展演化模式

业务发展演化模式重点根据生命周期理论进行分析。生命周期理论是产业演进理论中关于整个产业或业务从产生到成熟、再到衰退的动态变化过程的理论。一般来说，完整的生命周期包括四个阶段：导入期、成长期、成熟期、衰退期，如图 3-3 所示。

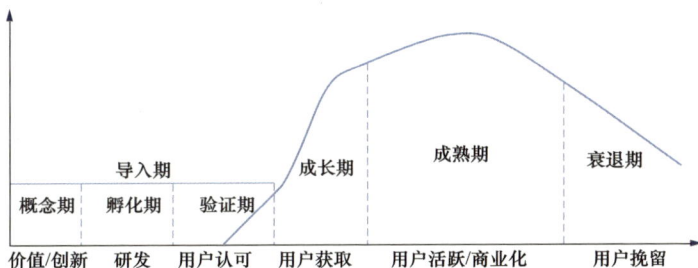

图 3-3 业务生命周期曲线

（1）导入期。

导入期可分为概念期、孵化期、验证期，这是一个从价值创新、技术研发到用户认可的过程。这一时期的市场增长率较高，需求增长较快，技术上存在较强不确定性，处于不稳定的创新发展阶段，在产品、市场、服务等策略上有很大的余地，业务特点、用户特点、竞争情况等方面的信息较少，企业进入壁垒较低。

（2）成长期。

这一时期的市场增长率很高，需求高速增长，技术渐趋定型，业务特点、用户特点、竞争情况等已比较明朗，企业进入壁垒不断提高，竞争者数量增多。

（3）成熟期。

这一时期的市场增长率平稳，需求增长率平稳，技术上已经成熟，业务特点、用户特点、竞争情况等方面已经明晰且稳定，买方市场形成，企业盈利能力下降，新产品和新用途开发变得较为困难，企业进入壁垒高。

（4）衰退期。

这一时期的市场增长率下降，需求下降，因缺乏盈利，竞争者数目减少。从衰退的原因来看，有资源型衰退（生产所依赖的资源的枯竭）、效率型衰退（效率低下的比较劣势）、收入低弹性衰退（需求-收入弹性较低）及聚集过度性衰退（经济过度聚集的弊端）等四种类型。

综合能源服务的发展也是导入、成长、成熟、衰退的演化过程，这是一个由不成熟走向成熟、由不协调走向协调、由不合理走向合理、由低级走向高级的过程，如图3-4所示。

站在当前时点，综合能源服务的细分业务多，根据细分业务的发展现状，可将其分为三大类型，即成熟业务、新兴业务、前瞻业务。

（1）成熟业务。

成熟业务是指目前已经逐步开展的业务，技术、商业模式、业务流程比较成熟。该类业务主要受需求和供给的驱动，延续既有的发展轨迹，满足需求和供给的平衡关系，平稳增长。2020年前是综合能源服务的主要盈利业务，市场潜力较大。2020～2035年维持在平稳需求阶段，2035年后退出主营业务。

（2）新兴业务。

新兴业务是市场出现需求，但目前在技术、商业模式等方面存在限制条件的业务。该类业务主要受需求驱动或者政策驱动，有了一定的发展。

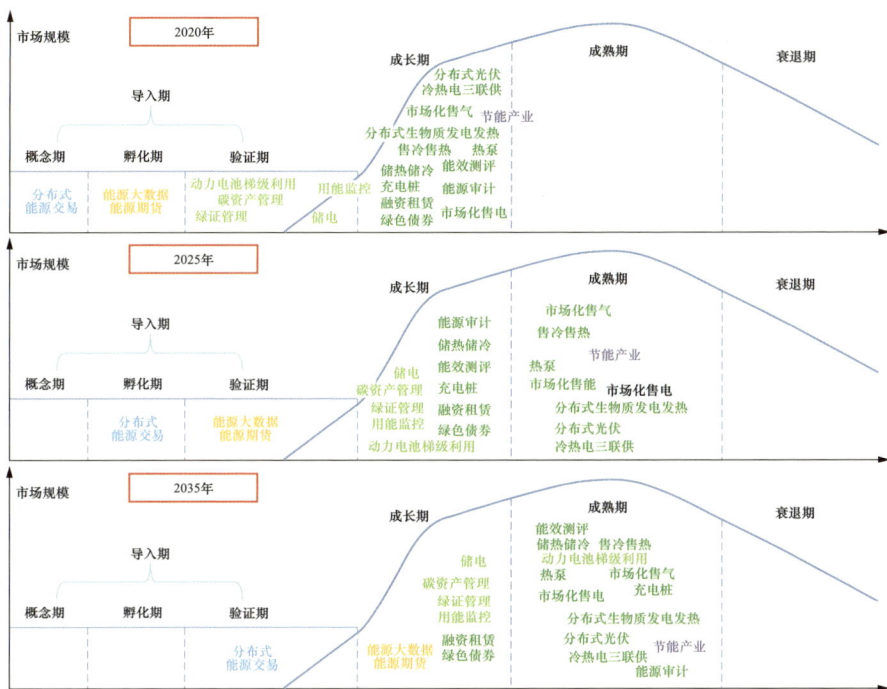

图 3-4 综合能源服务业务生命周期演化示意图

新兴业务进入市场，一能够满足用能客户某一方面的需求，或者满足强制性政策要求，有个人或政府愿意为之买单，促进其发展。一旦技术迭代创新有所突破，或者商业模式快速形成，都会带来整个产业的蓬勃发展，类似近几年电动汽车服务的发展。新兴业务在 2020 年前技术日趋成熟，成本逐渐降低，市场规模不断上升，具有一定的盈利空间；2020~2035 年期间，用户需求得到释放，将处于快速增长阶段，2035 年后成为主营业务，需求保持平稳。

(3) 前瞻业务。

前瞻业务目前尚未真正出现，处于实验室或构想阶段，随着能源技术、互联网技术等深度融合后可能会出现的业务。该类业务主要是受供给驱动或者技术驱动，优秀人才、前瞻性技术、投资基金等共同推动着前瞻业务的产生。前瞻业务在 2020 年前极少出现在市场中；2020～2035 年期间，技术若出现突破，将会快速增长，有望 2035 年前成为主营业务；2035 年后仍保持一定程度的增长。

二 市场主体演化模式

市场主体演化模式基于波特五力模型进行分析，如图 3-5 所示。波特五力模型是迈克尔·波特（Michael Porter）于 20 世纪 70 年代初提出。他认为行业中存在着决定竞争规模和程度的五种力量，这五种力量综合起来影响着产业的吸引力以及现有企业的竞争战略决策。五种力量分别为同行业内现有竞争者的竞争能力、潜在竞争者进入的能力、替代品的替代能力、供应商的讨价还价能力、购买者的讨价还价能力。

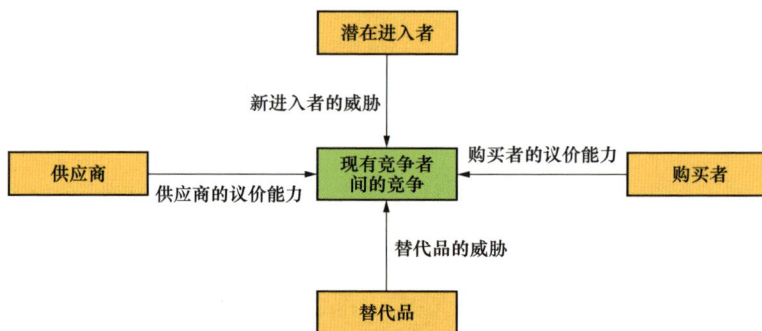

图 3-5　波特五力模型

（1）供应商的议价能力。供应商主要通过其提高投入要素价格与降低单位价值质量的能力，来影响行业中现有企业的盈利能力与产品竞争力。供应商力量的强弱主要取决于他们所提供给买主的投入要素，当投入要素构成了买主产品总成本的较大比例、对买主产品生产过程非常重要或者严重影响买主产品的质量时，供应商对于买主的潜在讨价还价力量就大大增强。

综合能源服务商的供应商主要有规划设计院、工程服务企业和设备公司等。规划设计院为综合能源服务公司提供能源规划设计服务；工程服务企业主要为综合能源服务商提供项目施工服务和运营维护服务；设备公司为综合能源服务商提供设备供应、安装、维护等服务。这些供应商位于综合能源服务产业链的中上游，不直接与客户接触，是综合能源服务商的重要合作伙伴。但是随着综合能源服务的快速发展，这些供应商中的翘楚企业未来可能会进行纵向一体化，延伸至需求端，直接与客户对接，成为综合能源服务市场的竞争者。由此可见，综合能源服务商的供应商具有较强的议价能力。

（2）购买者的议价能力。购买者主要通过压价与要求提供较高的产品或服务质量的能力，来影响行业中现有企业的盈利能力。其购买者议价能力影响主要有以下原因：①购买者的总数较少，而每个购买者的购买量较大，占了卖方销售量的很大比例；②卖方行业由大量相对来说规模较小的企业所组成；③购买者所购买的基本上是一种标准化产品，同时向多个卖主购买产品在经济上也完全可行。

在能源领域，购买者较为分散，且用能信息相对封闭，因此整体议价能力较弱。综合能源服务公司的购买者主要有园区、工业企业、公共建筑三大类，这三类客户对能源的需求量较大，且均为刚性需求，能源价格相对较高。从目前来看，综合能源服务公司的购买者议价能力较弱。未来，随着用能信息的不断透明、分布式能源的不断发展、能源服务体系的不断标准化发展，购买者的议价能力将逐步提升。

（3）新进入者的威胁。新进入者在给行业带来新生产能力、新资源的同时，将希望在已被现有企业瓜分完毕的市场中赢得一席之地，这就有可能会与现有企业发生原材料与市场份额的竞争，最终导致行业中现有企业盈利水平降低，严重的话还有可能危及这些企业的生存。竞争性进入威胁的严重程度取决于两方面的因素，即进入新领域的障碍大小与预期现有企业对于进入者的反应情况。

综合能源服务公司的潜在进入者威胁主要来自互联网公司。互联网公司具有较好的客户资源，具有强大的平台流量优势和互动服务能力，在APP产品开发、大数据分析、商业模式创新等方面积累大量经验，未来很有可能通过其强大的平台整合其他竞争者的核心资源，为购买者提供强互动的综合能源服务。所以说，潜在进入者互联网公司的威胁较为明显。

（4）替代品的威胁。两个处于同行业或不同行业中的企业，可能会由于所生产的产品是互为替代品，从而在它们之间产生相互竞争行为，这种源自于替代品的竞争会以各种形式影响行业中现有企业的竞争战略。替代品价格越低、质量越好、用户转换成本越低，其所能产生的竞争压力就强。

综合能源服务商的主要替代品为传统能源服务商。传统能源服务主要是以产品为中心，围绕产品为客户开展服务，对客户的需求关注度较低；而综合能源服务是以客户为中心，围绕客户的需求开展一系列的服务，与客户进行强互动，从而能够赢得客户的认同感。现有综合能源服务市场中的许多综合能源服务商是从传统能源服务商转型而来的，依托传统能源主业拓展综合能源服务业务，因此综合能源服务商替代品威胁较弱。

（5）同业竞争者的竞争程度。大部分行业中的企业都因为利益而紧密联系在一起，企业竞争战略的目标都在于使自己获得相对于竞争对手的优势，因此在实施中就会产生冲突与对抗，这些冲突与对抗构成了现有企业之间的竞争。现有企业之间的竞争常常表现在价格、广告、产品介绍、售后服务等方面。

综合能源服务市场现有的主要竞争者包括电网公司、发电公司、燃气公司等主体。电网公司在品牌、营销渠道、电网资源、客户资源等方面有优势，同时管理经验丰富，资源整合能力强，资金雄厚；发电公司掌握电源，在发电、供热方面具备较强实力，电力、天然气、热力等专业人才储备充足；燃气公司掌握天然气资源和核心技术。

总体来看，由电网公司、发电公司、燃气公司、地方能投等构成的投资主体，以及由规划设计院、工程公司、设备制造商等构成的供应商，是该行业的主要竞争力来源。以互联网企业和高新园区管委会为主要代表的新进入者正在向综合能源服务市场缓慢渗透。购买者的溢价能力不强，受制于能源信息的不充分公开透明。综合能源服务和传统能源服务互为替代品，传统能源服务的竞争力正逐渐丧失。综合能源服务波特五力分析如图 3-6 所示。

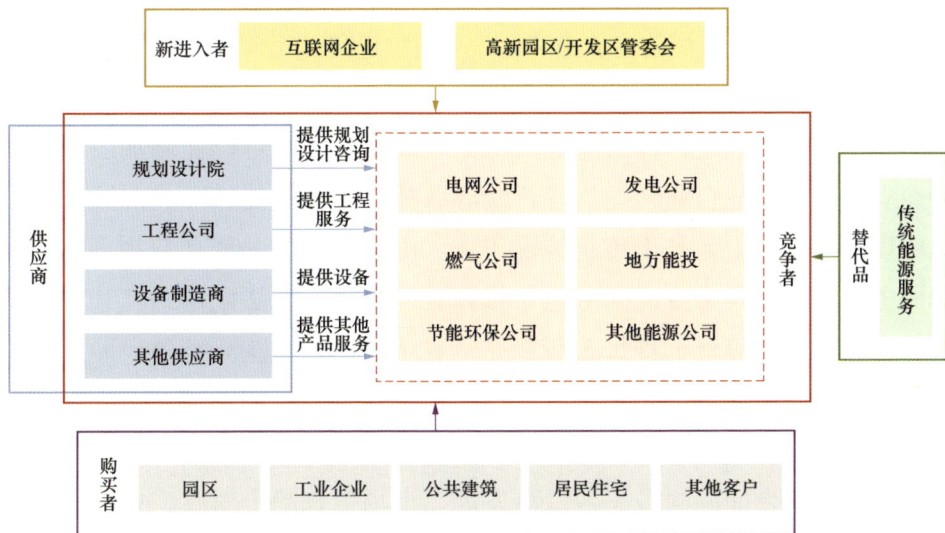

图 3-6　综合能源服务波特五力分析

三　市场结构演化模式

市场结构是构成一定系统的诸要素之间的内在联系方式及其特征，综合反映市场的竞争和垄断关系，市场结构会决定市场的价格形成方式，会对企业战略和盈利状况产生深远的影响。市场结构可以划分为完全竞争市场、垄断竞争市场、寡头垄断市场和完全垄断市场四种市场类型（见表3-1）。其中，完全竞争市场竞争最为充分，完全垄断市场不存在竞争，垄断竞争市场和寡头垄断市场具有竞争力但竞争力又不充分。

表 3-1   **市场结构类型及其价格竞争强度**

市场结构类型	赫芬达尔指数	价格竞争强度
完全竞争市场	通常低于 0.2	激烈
垄断竞争市场	通常低于 0.2	可能激烈或者低，取决于产品的差异性
寡头垄断市场	0.2~0.6	可能激烈或者低，取决于企业的竞争
完全垄断市场	0.6 或者更高	通常很低，除非有进入威胁

综合能源服务市场结构从由"寡头垄断"走向"完全竞争"（见表 3-2）。从本质上讲，综合能源服务是竞争性市场业务，综合能源服务市场应属于完全竞争市场。但是，传统能源市场集中度高，可以对行业施加经济力量的企业较多。这些企业转型为综合能源服务商，必将使综合能源服务市场集中度较高，但不会高于传统能源市场。由于缺乏相关统计数据，综合能源服务市场企业集中度或赫芬达尔指数难以计算，无法确切知晓其市场结构，根据推断，应处于寡头垄断和完全竞争之间，即垄断竞争，而且向完全竞争转型不可能一蹴而就。

随着多买多卖的需求和供给驱动、先进技术驱动、市场化政策驱动的力量强化，综合能源服务平台经济发展，市场信息趋于对称，更高级的能源商品和服务形式出现，诸多综合能源服务商向下游业务延伸，生产服务能力充足，综合能源服务市场将不断趋向完全竞争市场。

表 3-2   **综合能源服务市场属性**

项目	能源市场	当前综合能源市场	未来综合能源市场
竞争属性	完全垄断/寡头垄断	垄断竞争	趋于完全竞争
赫芬达尔指数	>0.6 / 0.2~0.6	<0.2	<0.2
价格竞争强度	很低/企业内的竞争	取决于产品的差异	激烈

四 产业组织演化模式

20 世纪 80 年代以来，随着技术创新的推动和产业规制的宽松，产业成

长出现集聚化、融合化、模块化等现代特征和趋势，产业组织形态也随之发生了一系列变化，从原本分散式、链式的组织形式，进化成一系列新的产业组织结构，包括空间网络组织、横向联系组织、模块化组织等形式。

（1）分散式组织。

分散式组织是指以个人或单个企业为主体从事生产活动。在这种组织形式中，基本上不存在分工。需要强调的是，这里所说的"分散"并不是指地理意义上的分散，而是生产活动和产品彼此独立，是组织方式在整个产业价值链中处于松散、孤立的状态。

分散式组织主要在综合能源服务前瞻业务中存在，因为随着业务的不断成熟，分工将逐步细化，专业性逐步增强，分散式组织将无法适应业务的需要，而且行业内的企业数量将逐渐增加，差异化显现，单个企业将无法完成所有的生产流程。

（2）链式组织。

链式组织是指按照专业化分工与协作的原则，一个企业完成一个环节，形成一条链式生产流程。在这种组织形式中，存在简单的内部分工，对技术也有一定的要求。链式组织的生产活动需要产业内部的多方协作共同完成。这种组织形式存在惯例或制度约束，产业价值链系统内部各组织节点之间会形成既泾渭分明又融会贯通的局面。

综合能源服务部分新兴业务属于链式组织，若干家企业组成一条产业链，为客户提供相应的服务。

（3）空间网络组织。

空间网络组织是按照专业化分工与协作的原则，由既竞争又合作的众多单个企业在产业集聚基础上形成的空间网络组织。这些企业具有共性和互补性，彼此相互联系，形成类似于一个生物生态系统的企业共生体[1]。

综合能源服务部分成熟业务可以形成空间网络组织。这样的组织不存在地理上的空间集聚，而是建立在企业网络基础之上的产业集聚。各类综合能源服务商分别具有不同的业务范围和优势资源或能力，之间保持着密切的业务联系，或是竞争者，或是合作者，成为综合能源服务产业成长的关键节点。

（4）横向联系组织。

在产业融合条件下，不同产业之间出现产业渗透、产业交叉和产业重组，市场结构由于产业融合而发生变革，使原本没有竞争关系的产业部门之间打破了技术边界、业务边界、市场边界，不同产业企业之间产生竞争协同关系，从而创新产业组织结构，形成横向联系组织。

横向联系组织由跨产业的企业组成，其市场结构具有可竞争性。组织内部的企业分别属于不同的产业，没有投入产出关系，但因为技术、产品或业务的横向联系而形成新型竞争协同的网络关系。

综合能源服务属于能源领域，但其技术或业务范围在不断跨行业拓展，"能源＋"交通/建筑/工业/农业等业务创新层出不穷，从而在各产业边界处，形成了综合能源服务商与交通、建筑、工业、农业领域的企业的横向联系组织，企业之间的资金、设备、技术、人才等要素更合理的融合运作，通过网络实现了更大范围的资源配置。

（5）模块化产业组织。

模块化是工业时代产品标准化概念的延伸和发展，就是把复杂的系统分成一系列相对独立的具有特写功能价值的子系统，即模块，然后分别处理，这样既有效地完成任务，又能使每个模块得到发展、创新。模块化过程使价值链环节被拆分重构，实现更专业化的生产。模块化生产方式在诸如计算机、汽车、航空等高新技术行业得到了应用。从产业组织演进角度来看，产业组织演进的必然形态是模块化产业组织。在这样的组织中，企业只有两类，即系统集成商和模块供应商。

就综合能源服务当前的发展现状来看，距离模块化产业组织的阶段还较远，企业之间还保持上下游关系和简单的耦合关系。能源技术企业正在尝试将综合能源服务业务模块化，例如综合能源服务平台的搭建。未来，随着综合能源服务的标准化、信息技术向能源领域的高度渗透，综合能源服务的组织形态将逐步演化为模块化产业组织。

本章小结

本章系统分析了综合能源服务的发展驱动力，并在此基础上提出了业务、市场结构、产业组织的演化模式。主要结论如下：

（1）综合能源服务的发展驱动力包括需求驱动、供给驱动、技术驱动、政策驱动等。

（2）综合能源服务的最终目的就是要满足需求，需求因素主要包括需求主体、需求客体、需求主客体关系三大维度。

（3）驱动产业发展的供给因素是指人、财、物等生产要素供给方面的因素，主要包括人力资源、资本供应、资源禀赋等。

（4）技术创新是推动综合能源服务产业发展的最根本、最主要的因素，它影响需求和供给因素，促进业务更替。

（5）政策出台一般都会带来市场短期的波动，能源改革政策、规划、产业政策等为综合能源服务发展构建良好的宏观环境。

（6）综合能源服务业务的发展是业务导入、成长、成熟、衰退的生命周期演化过程。根据细分业务的发展现状，可以将业务分为三大类型，即成熟业务、新兴业务、前瞻业务。不同发展时期的业务具有不同的发展驱动力。

（7）当综合能源服务业务处于不同的发展时期，企业的主要竞争力可能来自同行业现有竞争者的竞争能力、潜在竞争者进入的能力、替代品的替代能力、供应商的讨价还价能力，或者购买者的讨价还价能力。

（8）多买多卖的需求和供给驱动、先进技术驱动、市场化政策驱动的力量不断强化，综合能源服务市场结构将从由"寡头垄断"走向"完全竞争"。

（9）在综合能源服务领域，产业组织形式从原本分散式、链式的组织形式进化，向着空间网络组织、横向联系组织、模块化组织形式演化发展。

第二篇

实 践 篇

第四章 国外综合能源服务发展现状

第一节 国外综合能源服务概述

欧洲主要国家十分注重能源系统间的耦合互动与集成应用。1999 年，在欧盟第五、六、七框架下，欧洲各国开展能源协同优化、综合能源系统等方面的研究工作。英国注重能源系统间能量流的集成，致力于建立一个安全和可持续发展的能源系统，包括国家层面的集成电力/燃气系统和社区层面的分布式综合能源系统。德国更侧重于能源系统和通信信息系统间的集成。法国强调各能源协调发展和综合利用。**美国侧重于分布式能源和以智能电网为核心的综合能源网络的应用**。2001 年美国提出了综合能源系统发展计划，核心是智能电网战略，目标是提高清洁能源供应和利用比重，提高社会供能系统的可靠性，重点是促进分布式能源和热电联供技术的推广应用。2007 年美国颁布了《能源独立和安全法案》，要求社会主要供用能环节必须开展综合能源规划。**日本关注用户侧的综合能源服务，促进能源结构优化和能效提升**。2009 年，日本政府公布其温室气体的减排目标，认为构建覆盖全国的综合能源系统，实现能源结构优化和能效提升，同时促进可再生能源规模化开发，是实现这一目标的必由之路。日本主要能源研究机构致力于智能社区技术的研究与示范。

1. 战略调整

当前，面临环境保护与能源安全需求提升、大宗商品价格下降、电力价格下降预期、碳价上涨预期、利润率降低、能源零售市场竞争加剧的挑战，以及可再生能源技术经济性提高的促进，国外大多数公用事业企业都纷纷调整业务战略。根据 9 家欧洲企业和 4 家美国企业战略数据可以看出，大多数公共事业企业都在纷纷拓展产业链下游业务，上游主要关注可再生能源领域，如图 4-1 所示。

	公司结构	欧洲								美国				
		分部门	矩阵式	分部门	分部门	分部门	分部门	分部门	分地域	矩阵式	分部门	分部门	分部门	分部门
上游和天然气发电	可调度电厂	转出	增长	维持	维持	降低	降低	降低	降低	增长	增长	降低	降低	降低
	可再生能源	增长	无	转出	增长	增长	增长	无	增长	增长	增长	增长	增长	无
	石油和天然气	转出	降低	无	无	增长	无	降低	维持	无	降低	降低	无	无
中游	天然气中游	维持	增长	维持	无	无	无	维持	增长	维持	维持	维持	无	无
	输送业务	无	无	维持	无	增长	增长	增长	增长	维持	增长	增长	增长	无
	能源贸易	转出	增长	维持	无	维持	维持	维持	降低	维持	维持	维持	维持	维持
下游	配电业务	增长	无	转出	增长	增长	增长	无	维持	增长	增长	增长	增长	增长
	零售	增长	无	转出	增长	增长	增长	增长	增长	增长	增长	增长	无	维持
	居民服务	增长	无	转出	增长	增长	开拓	增长	开拓	增长	维持	开拓	维持	无
	商业服务	增长	增长	转出	增长	降低	开拓	增长	开拓	增长	增长	增长	维持	无
	电池储能	增长	无	开拓	增长	开拓	开拓	少量或无	开拓	增长	开拓	开拓	无	无
	电动汽车充换设施	增长	无	转出	增长	增长	无	无	开拓	增长	开拓	开拓	无	无

图 4-1　国外知名电力企业的业务战略❶

国外企业发展综合能源服务有较为有利的体制因素。一是国外典型电力企业大多为一体化的企业，既覆盖"发-输-配-售-交易"的电力全产业链业务，又具有电力和天然气、石油等综合能源业务，在综合能源服务领域具备天然优势，其战略布局向下游延伸，能较快发挥综合资源的整合优势。二是国外电力市场建设较为成熟，市场的价格发现机制较强。综合能源服务价格组合较为多样化。例如，美国电力市场建立了新英格兰（ISO-NE）、纽约（NYISO）、宾夕法尼亚州—新泽西州—马里兰州（PJM）、西南部（SPP）、德州（ERCOT）、加州（CAISO）和中部（MISO）七个有组织的区域电力市场，覆盖一半的州和超过 2/3 的美国人口。欧盟 4 家电力交易所与 13 家输电系统运营商首次实现日前市场联合交易，范围覆盖中西欧区域、英国、北欧、波罗的海以及瑞典和波兰等 15 个国家，该区域用电量占欧洲整体电力需求的 75％。美国仅德州电价组合就有 2903 个。竞争性售电市场覆

---

❶　数据来源：彭博新能源财经。

盖的负荷量已达德州总负荷的 75％。

2. 目标客户及业务

国外能源电力企业发展综合能源服务以工商业用户为主，并积极布局居民用户。面向工商业用户和面向居民用户的综合能源服务业务类别分别见表 4-1 和表 4-2。工商业用户用能量大、利润丰厚，是综合能源服务争夺的重点。居民综合能源服务的盈利性相对较弱，出于维持客户黏性和挖掘潜力空间等考虑，欧洲、美国、日本的能源电力企业仍积极布局。关注居民用户的主要原因，一是减缓居民用户流失，保持海量用户带来的社会影响力；二是看好海量多元化需求构建的"长尾市场"和智慧家庭领域的"蓝海"空间。例如，美国 Opower 公司，专注家庭能源数据分析与能源管理，抢占家庭能源服务"入口"，客户规模从 2010 年 100 万上升至 2016 年 6000 万，年均增长 98％。英国 Centrica 集团从 2013 年起为居民提供家庭能源中控系统，至 2016 年底已安装 52.7 万套，年均增长 70％。日本东京电力公司提供基于智能电能表的家庭成员行为跟踪与监护、门窗锁智能遥控等服务，其系统与 Google Home、Amazon Echo 等智能家居设备兼容，已融入智慧家庭生态。

表 4-1　　　　面向工商业用户的综合能源服务业务类别

工商业用户业务	描 述
能源供应	为客户提供能源（电力、燃气等）传输
微网	连接不同能源资产，并能独立大范围电网运行
能源管理	主要是建筑或多站点的能源监测，通过监测、分析、改进软件程序最优化能源利用，包括大数据分析技术、AI、IOT、负荷颗粒级监测技术等
能效管理	主要为硬件，比如 LED 灯、高效锅炉和冷水机、动力或泵的置换
现场发电	不同来源的发电：光伏、热电联、柴油发电、燃料电池、分布式发电
需求侧响应	调整客户实时电力需求、虚拟电厂
储能	电池储能（锂电子）、其他类型服务（辅助服务）
电动汽车充电	充电站

表 4-2　　　　　**面向居民用户的综合能源服务业务类别**

居民用户业务	描　述
连接家庭/ 家庭能源管理	系列的家庭能源管理，利用附加设备使消费者能够远程控制能源消费和设备，同时提供"物联网"的接口
家庭电动车充电	家庭 EV 充电点是电动车辆充电的物理单元
表后系统	提供和安装屋顶太阳能/储备，可以让客户成为电力生产商
家庭维护服务	涵盖电器维修、管道维修和锅炉维修服务等活动，拓展了新电器或绝缘材料的安装的业务范围
电信捆绑服务	将电力和天然气供应与其他费用（互联网、电视、手机）结合在一起，所有的业务流提供一个账单，通过简化付费节省用户的时间
绿色电价	提供用户由可再生能源支持的电力，有些绿色电价还可以特指具体的可再生能源类型（水电、风电、生物质），还可以是不同比例的
点对点交易	客户之间可以直接进行电力的交易，交易平台是用于个人客户之间的交易。目前案例很少，需要智能电能表表现优异

3. 创新型业务

近年来，国外大型能源电力企业加快布局综合能源服务市场。2017年世界500强上榜的16家国外电力企业已全部开展综合能源服务业务。例如，法国 ENGIE 集团在能效服务、分布式能源、储能、电动汽车充电、微电网等领域进行了广泛布局，2016年综合能源服务收入占总收入的比重已达到30%。

从近期来看，国外大型能源电力企业重点开展的综合能源服务主要包括：能效服务、能源管理平台、基于电能的冷热供应、分布式光伏、分布式发电交易服务、储能、电动汽车充电、需求响应、绿色电力销售、设备代维、微电网/微能网、综合能源套餐服务、能源电信套餐服务、家庭监护、全电家庭等。其中有四项前瞻业务，即储能服务、基于电能的冷热供应、基于区块链技术的分布式能源管理与交易服务、基于数据的能源管理平台服务。

（1）储能服务。

储能服务市场仍处于发展初期，市场集中度正逐步提升。市场参与者以工业企业和公用事业企业为主，电动车企业、油气企业、光伏企业也纷纷加入市场竞争。国外能源电力企业多与储能硬件制造商进行战略合作，专注于储能系统的软件开发和为工商业用户提供建设运营服务（见表4-3）。

表4-3　　　　　国外能源电力企业的储能服务开展情况

企业	储能服务开展情况
法国燃气苏伊士集团（ENGIE）储能子公司	建成12MW/23MWh储能项目，在建规模为21MW/42MWh。储能电池来源于比亚迪和三星SDI公司，软件系统为自身开发的GridSynergy软件
意大利国家电力公司（ENEL）EnerNOC子公司	建成3MW/16MWh储能项目。储能电池来自LG、三星SDI、特斯拉等公司，软件采用自身的OEN. OS系统

（2）基于电能的冷热供应服务。

热泵以电能驱动，转换为热量的能效比可达3以上，是电力企业进入供暖（制冷）领域的重要方式。日本东京电力、关西电力公司积极利用水源/空气源/地源热泵开展冷热集中供应服务，目前已有超过20个成功案例。相比分散式制冷供热，该服务可节能10%～20%，并节约人力成本和建筑空间。关西电力公司旗下的Kenes株式会社利用空气源热泵及水源热泵向大阪市本庄东地区的六座写字楼和一座超市共68890m² 区域提供集中供暖制冷服务，是日本关西地区第一个100%电力集中制冷及供暖工程。该项目配备了最大制冷、制热能力为38494、24723MJ /h的热泵、6300m³ 的水蓄冷槽和2500kVA的应急发电机。

（3）基于能源区块链技术的分布式能源管理与交易服务。

国外能源区块链技术目前多应用于分布式发电交易、电动汽车充电交易、分布式能源管理领域，未来有望进一步扩展至碳交易、电动汽车分时租赁、能源资产安全化管控等领域（见表4-4）。区块链是掌控海量分布式能源，支撑其互动互济、协同优化的重要技术。能源领域的区块链研究在 2017 年出现爆发式增长，截至 2020 年 1 月，国外已有 135 家公司❶涉足该领域，较 2016 年增长近 10 倍（如图 4-2 所示）。

表 4-4   国外能源区块链开展情况

企业	能源区块链开展情况
日本东京电力公司 和 Innogy 公司❷	2017 年 7 月向德国从事分布式发电交易的区块链公司 Con-joule 投资 450 万欧元。目前，该公司正在欧洲选取一些市场测试其解决方案，以推进其交易平台实现商业化
德国莱茵集团（RWE）和清洁能源技术公司 Oxygen Initiative	2016 年启动分享与充电（Share&Charge）计划，通过区块链交易平台接入了自身运营的 1000 多个充电站和其他公共充电站
欧洲输电商 TenneT 联合家庭储能公司 Sonnen 和风电交易商 Vandebron	2017 年开展分布式能源管理服务，支撑 TenneT 公司在德国和荷兰电网的供需平衡

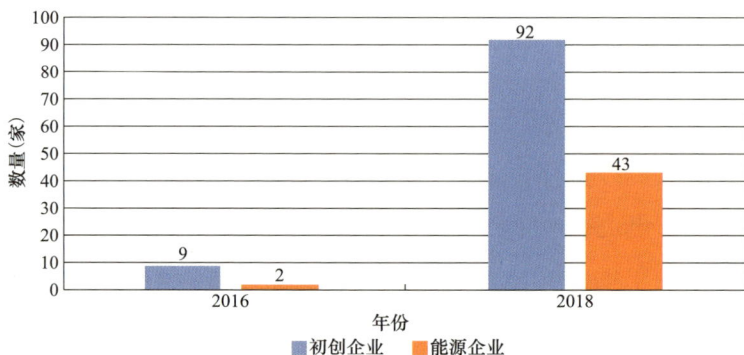

图 4-2　参与能源区块链企业的数量变化❸

---

❶　统计标准为拥有详细官方网站或者有具体项目信息的企业。

❷　Innogy 公司为德国莱茵集团（RWE）的子公司，主要从事可再生能源、配电网、能源零售等业务。

❸　数据来源：彭博新能源财经。

（4）基于数据的能源管理平台服务。

近年来，国外能源电力企业积极挖掘能源数据并发展各类专业平台，以围绕用户需求打造一体化能源管理平台（见表 4-5）。通过投资并购能源电力数据分析、专业平台建设领域的中小企业，整合用能监控、需求响应、电动汽车、储能等多领域专业平台，构建一体化服务的趋势已经显现。

表 4-5　　国外大型能源电力企业在数据和平台方面的行动

企业	在数据和平台方面的行动	目的
意大利国家电力公司（ENEL）	2017 年收购世界最大的需求响应提供商 EnerNOC，获取能源管控平台开发能力；收购 eMotorWerks，利用其 JuiceNet 平台整合电动汽车充电服务；收购 Demand Energy，利用其 DEN. OS 平台拓展储能和微电网服务	整合各专业平台，实现对电动汽车、储能、灵活性能源需求的智能管控
法国燃气苏伊士集团（ENGIE）	2014 年收购 ECOVA，提升数据分析和挖掘能力；2016 年收购能源数字化管理公司 C3 Resources，之后发布用能优化平台 Blu. e	基于数据挖掘，以平台为交互界面，提供一体化服务
德国意昂集团（E. ON）	2014 年后已投资多家能源管理软件公司，开发出需求响应和虚拟电厂管理平台	通过平台将用户侧各类灵活性资源有效整合利用
美国南方公司（Southern Company）	2016 年收购 PowerSecure，获取 IDG 能源管理平台。该平台能够管控分布式电源、需求响应等一系列资源，实现优化利用	帮助用户实现区域多类能源设备的综合优化利用

4. 拓展策略

通过风险投资（VC）、私募股权投资（PE）进行前瞻性布局模式。2013 年以来，综合能源服务领域的风险投资、私募股权投资显著增多（如图 4-3 所示）。其中对能源管理、储能、电动汽车及充电投资次数最多，分别占 25％、17％、16％。法国 Engie 集团是目前进行风险投资最多的公司，广泛投资电动汽车、储能、数据分析等领域的优质初创企业，使其能够紧密追踪技术发展并具有先发优势。2014 年以来，综合能源服务领域的并购交易显著增多（如图4-4所示）。其中对能效服务、能源管理、分布式光伏投资次数最多，分别占43％、22％、18％。例如，Centrica公司2015年收购Panoramic Power能源管理提供商，开发数字化平台支撑工商用户服务；2016年收购ENER－G和Astrum Solar，开展分布式能源业务；2017年收购Restore，作为虚拟电厂的关键技术引入；通过股份收购LO3，投资工业物联网平台。Southern Company公司2016年收购PowerSecure公司，开展需求侧响应业务；2017年收购Advanced Microgrid Solutions开展需求侧响应的储能管理，与Power Protech开展微网业务。NRG公司2013年收购EnTouch和Blue Pillar，开始从事需求侧响应业务；2017年与Cummins合作，开展能源管理业务。

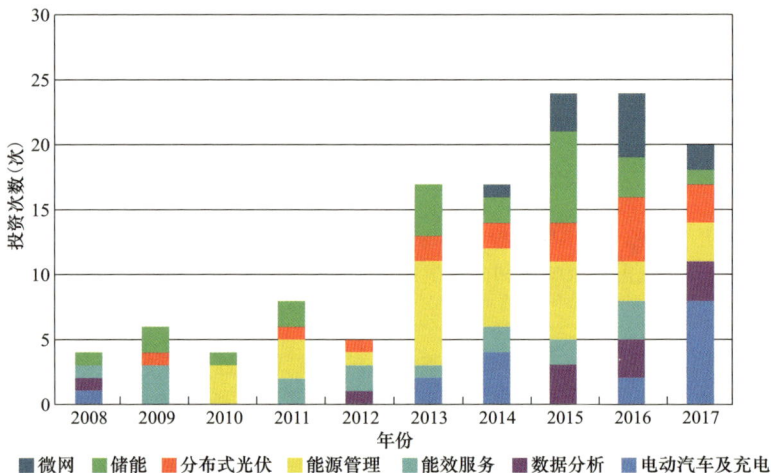

图4-3　国外大型能源电力企业综合能源服务VC、PE投资情况❶

5. 商业模式

综合能源服务商业模式创新集中于欧美地区，可供借鉴的模式包括重资产项目"建设-出售-运营"（BSO）模式、储能租赁模式、平台模式。

---

❶　统计数据来源于彭博新能源财经数据库，包含全球36家知名大型能源电力企业，共计102笔交易。

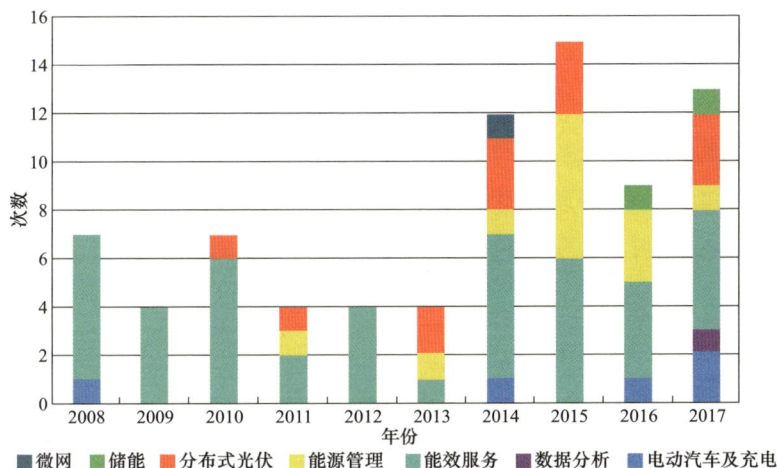

图 4-4 国外大型能源电力企业综合能源服务并购交易情况

(1) 重资产项目"建设-出售-运营"(BSO) 模式。该模式指能源电力企业等开发主体完成项目建设后,将项目公司的全部或部分股权出售给机构投资者,并与机构投资者签订长期运维合同。在 BSO 模式基础上,若资产所有者和用户能够签订长期电力购买协议(PPA),则能够稳定未来收入现金流,降低风险,提升资产价值(如图4-5所示)。该模式于2015年2月在欧洲被首次使用,意昂集团(E. ON)向意大利基础设施投资基金

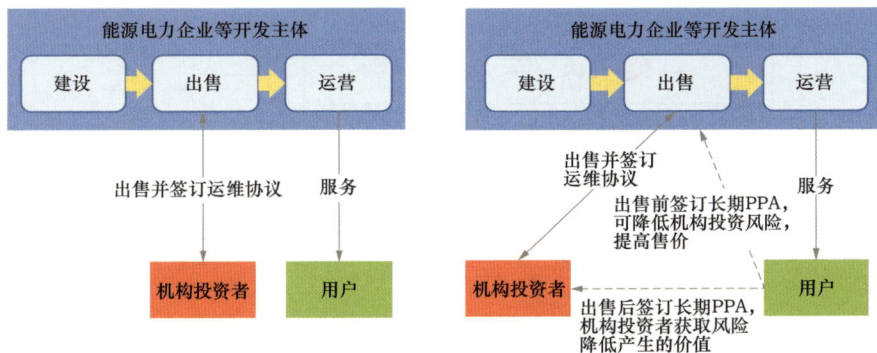

图 4-5 BSO 标准模式和演化模式

(F2i SGR) 出售价值 1.14 亿美元的 49MW 光伏资产。截至 2016 年年底，欧洲主要能源电力企业通过此模式获利已超 10 亿美元。随着我国能源领域资产证券化水平提升，该模式有望迎来发展契机。

(2) 储能租赁模式。工商业用户、配电运营商等对储能需求强烈，为解决高额的初始投资问题，欧美部分储能厂商和电力企业开始推行储能租赁服务。德国储能厂商 Younicos 公司打造了一系列不同容量的集装箱式储能系统用于出租，能够快速运输、安装和拆卸。目前租赁合同期最短为 2～4 年，明年将进一步增加月租形式。用户购买储能服务只需支付租金和系统部署、拆卸费用，财务灵活性大大提升。

(3) 平台模式。该模式是国外综合能源服务的发展趋势。通过平台为各类扩展业务提供入口，吸引更多企业通过平台提供多样化服务，给予用户多元化选择，增强其黏性。例如，日本富士电机在北九州的智能社区系统平台，为政府提供能源消费和二氧化碳减排信息，为电力消费者提供用能服务，为发电企业、独立发电厂、电力交易机构提供电力调度服务，为电网企业提供能源平衡管理，为第三方提供扩展服务入口（如图 4-6 所示）。德国 Sonnen 能源服务公司为家庭客户实现电能买卖直接交易，没有"中间商"；为电网公司提供辅助服务，帮助电网公司解决

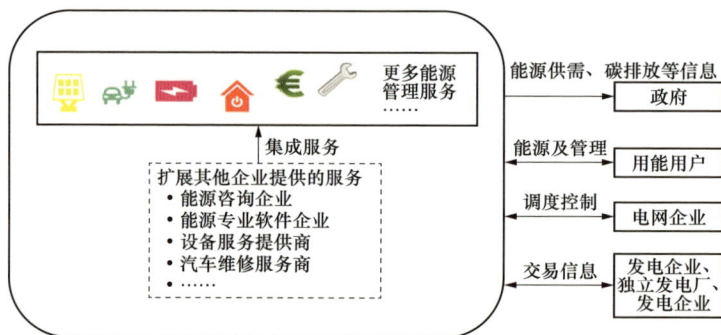

图 4-6　日本富士电机的北九州智能社区系统平台

设备效率不高、电力通道建设滞后等问题；任何第三方可以在该平台上开发 APP，扩大客户群体。

6. 品牌策略

国外能源电力企业开展综合能源服务的品牌策略多以母子品牌模式为主，兼有多品牌模式。通过充分利用母品牌价值，实现业务快速推广。通过最大范围内发挥母公司的无形价值，提升其综合能源服务业务的辨识度，如法国电力公司（EDF）、法国燃气苏伊士集团（ENGIE），如图 4-7 和图 4-8 所示。多品牌模式主要针对收购成熟企业，以延续被收购企业在原先细分领域的品牌影响力，如意大利电力，如图 4-9 所示。

- citelum GROUPE edf · 城市照明
- dalkia GROUPE edf · 楼宇、区域能源控制系统和能效管理
- edf energies nouvelles · 新能源开发和运行管理
- edf ENR ÉNERGIES NOUVELLES RÉPARTIES · 分布式光伏项目投资建设
- store & forecast GROUPE edf · 储能和发电预测技术
- sodetrel GROUPE edf · 电动汽车充电桩投资运行维护管理

图 4-7 EDF 采用母子品牌策略

- ENGIE Cofely · 提升能效服务
- ENGIE Ineo · 提供城市/区域能源综合解决方案
- ENGIE Axima · 提供建筑的空调、制冷、消防解决方案
- ENGIE Réseaux · 区域供热和制冷

图 4-8 ENGIE 集团采用母子品牌策略

- enel X · 为商业用户提供能源咨询、建设、金融等服务
- enel ● ENERNOC · 为工商业用户提供能源管理平台、需求侧响应、储能等服务
- eMotorWerks An Enel Group Company · 电动汽车服务

图 4-9 ENEL 采用母子品牌和多品牌混合策略

7. 产业生态圈建设

发达国家综合能源服务产业专业化分工明确，不同专业间技术壁垒较高，通过产业平台加强技术交流和项目合作。

丹麦综合能源服务产业中，丹佛斯（Danfoss）引领供热技术发展、格兰富（GRUNDFOS）水泵技术领先、安博（Ramboll）具有深厚规划设计经验、洛科威（rockwool）在保温隔热领域建立起竞争优势。以"四大政府部门＋四大行业协会＋八个大型企业和工会"为核心，600余家企业/机构共建绿色国度（State of Green）产业平台，广泛开展技术交流、项目合作等。

第二节　德国综合能源服务典型实践

一　意昂集团

意昂集团（E. ON）是一家欧洲控股公司，总部位于北莱茵威斯特法伦州杜塞尔多夫，是德国四大电力企业之一和英国六大电力企业之一，也是世界上规模最大的私营电力公司服务供应商之一。主要经营电力、化工和石油，兼营贸易、运输和服务业。剥离化石发电之后，目前业务集中在可再生能源、配电、售电。

自2010年起，意昂集团客户数量逐年减少，主要通过关注服务来回应市场挑战，包括向非专业机构提供订制服务和向客户提供菜单选择服务。2014～2015年逐步剥离化石发电，业务集中在可再生能源、配电、售电等综合能源服务领域，2016年，三项业务收入占比超90％（如图4-10所示）。

意昂集团的综合能源服务注重为客户提供多种解决方案，对工业客户，提供热电联产项目开发、融资、建设、项目管理、安装调试与运行等服务；

对学校、医院或机场等市政设施和商业客户，提供小型热电联产系统与分布式能源建设、运维服务；同时关注家庭级光伏电池储能和公用电动汽车充电设施。

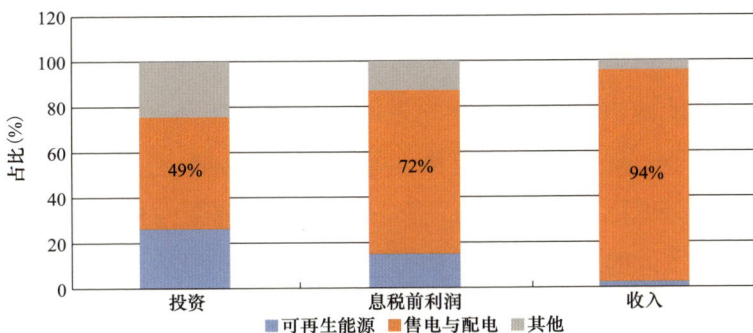

图 4-10　2016 年意昂集团综合能源服务投资、
息税前利润及收入占比

二　巴登—符腾堡州能源集团

巴登—符腾堡州能源集团（EnBW）是德国西南部的国有电力企业。EnBW 拥有火电厂和天然气业务，正在发展可再生能源，业务战略开始关注可再生能源、电网、下游的居民服务，以及电动汽车、智慧城市、智能家居、智能电网、能效管理等领域。

EnBW 的营收主要来自售电（包含发电和用电端）和售气，输配电网运营的过网费收入是主要支撑，2018 年其营业收入为 247.69 亿美元，利润为 23.15 亿美元。其电源结构以传统的非可再生能源为主，2016 年可再生能源装机容量为 3140MW，非可再生能源（包括核电）的装机容量为 10442MW，可再生能源发电装机容量仅占总装机容量的 23.1%，而可再生能源发电量只占总发电量的 15.6%，这两项指标都远低于德国平均水平。在德国能源转型革命中，EnBW 相对滞后。

三 莱茵集团

莱茵集团（RWE）成立于 1898 年，拥有能源、采矿及原材料、石油化工、环境服务、机械、电信和土木工程 7 个分部。现在，莱茵集团已发展成德国最大的能源供应商和国际先进的基础设施服务商，远期构想是追求多元化公用事业，提出了欧洲能源市场的全新服务概念。

莱茵集团是德国四大电力公司之一，在全球范围内拥有 2000 万客户甚至更多，是德国同时经营煤炭与核能基础设施的公司之一。莱茵集团向来把重点放在自己的专业领域，有大约一半的员工在能源、化学以及房地产行业工作，另一半的员工则在鲁尔区从事采集矿石和开采煤矿工作。相对于同为德国能源巨头的意昂集团，莱茵集团不仅有较多的政府控股成分，供电面积相对集中，地方色彩更加浓厚。尽管莱茵集团一直宣称自己与意昂有本质区别，但在德国政府大力推动新能源发展的局面下，同样作为老牌传统能源企业的他们可能面临着相似的困境。

莱茵集团推进能源-交通融合，利用售电公司的平台在全国安装了很多电动汽车充电桩，并提供外壳更换和多种广告支付手段。莱茵集团与以以太坊为基础的区块链创业公司 Slock.it 合作研究了有关区块链技术的概念论证，电动汽车充电站可以使用区块链智能合约对用户进行认证和管理开票程序。充电站将作为顾客认证点和付款处理点。在原型机下，通过在以太坊网络上生成智能合约，用户与充电站建立关系。在充电前，用户在网上进行存款，在交易完成后存款会被扣除。用户并不是根据汽车与充电站连接的时间长短进行付费，而是按照充电过程中所消耗的电量来进行付费。这一尝试所要论证的是用户使用小额交易可以节省开支，通过这种方式还可以对电力进行更有效的部署，是能源互联网的重要尝试之一。

第三节　英国综合能源服务典型实践

一　森特理克集团

森特理克集团（Centrica）是英国的跨国公用事业公司，总部位于伯克希尔温莎。主要业务为将电力和天然气供给英国、爱尔兰和北美国家。它是英国最大的天然气供应商，也是英国最大的电力供应商之一。森特理克的综合能源服务业务主要涵盖：能源咨询、需求侧响应（DSR）、热电联产（CHP）、节能管理、能效、储能、电力解决方案、能源金融等。其中，电力解决方案主要包括设计安装、可靠性检测、培训、电动汽车充电等，如图4-11所示。

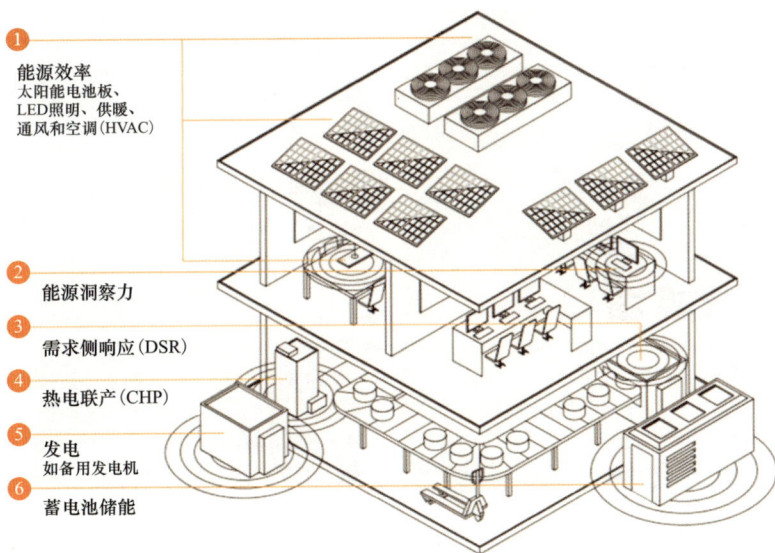

❶ 能源效率
太阳能电池板、
LED照明、供暖、
通风和空调（HVAC）

❷ 能源洞察力

❸ 需求侧响应（DSR）

❹ 热电联产（CHP）

❺ 发电
如备用发电机

❻ 蓄电池储能

图 4-11　森特理克综合能源服务业务

森特理克集团承担了某 NHS（National Health Service）公立医院的节

能项目，该项目是以 EPC 的方式，为医院制定节能计划，合同期 15 年。合同包括安装两台热电联产（CHP）机组和四台锅炉，形成能源中心。森特理克业务解决方案还在整个现场推出了多项计划，包括照明、楼宇管理系统、冷水机组更换和分体式空调优化。该项目预计每年节省超过 100 万英镑，减排 6000t 碳，相当于 3000 辆汽车的排放量。

二 南苏格兰电力公司

南苏格兰电力公司（SSE）是发输配售一体化能源企业，拥有电力、天然气、电信、水、轨道交通等多元化基础设施业务。提供的综合能源解决方案主要为六大类：建筑能源系统（BEMS）、能源管理及远程优化、ESOS计划（英国政府的节能计划）、商业能源智能、能源审计与合规、能源运行绩效管理，如图 4-12 所示。

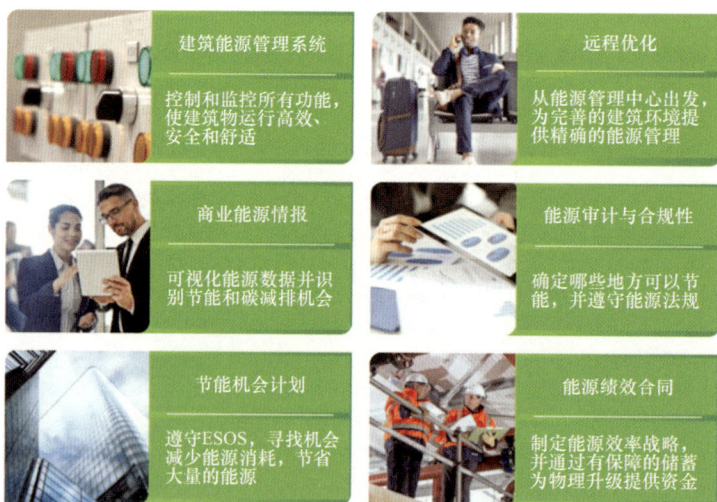

图 4-12　南苏格兰电力能源解决方案

南苏格兰电力公司承担了剑桥郡 Hinchingbrooke 医院的热电联产项目，该项目包含设计和建造，主体方案包括：2 个 1500kVA 自备电源；2 个

238kWe 热电联产/燃气发电机组；5 台 1MW 双燃料锅炉；带热量表的建筑物能源管理系统。包括超高效热电联产和锅炉、超低损耗变压器、低压基础设施和备用发电设施，已经无故障运行超过 50000 个工时，为医院节省 300 万英镑，能效节约 30%。

三 英国国家电网

英国国家电网（National Grid）是一家电力和天然气公用事业公司，总部位于华威，运营英国和美国东北部业务。综合能源服务业务主要涵盖：家庭节能管理、商业节能管理、智慧能源解决方案、清洁能源、需求响应、天然气热水器租赁服务等。

英国国家电网制定了智能能源解决方案，主要包括数字化技术架构、智能温控器、智能插座、直接负载控制装置等内容。该方案已成功推广到马萨诸塞州伍斯特市的近 15000 名客户。客户已经能够在高峰日减少高达 30% 的使用量，每年平均节省 100 美元的能源成本。该方案推广实施的两年期间共为客户账单节省 125 万美元，实现节电 2300MWh。

英国国家电网公司还推行深能改造计划（Deep Energy Retrofit Pilot），以 Single Family Home—Warwick, RI 项目为例，建设内容包括安装绝缘材料、更换紧凑型荧光灯（CFL）、密封空气泄漏等，效益指标见表 4-6。

表 4-6 英国国家电网的家庭节能项目经济环境效益

效 益 指 标	数 值
项目总成本（美元）	3304
英国国家电网公司的激励奖金（美元）	1298
年节电量（kWh）	146
年节约热量（GJ）	38.6
CO_2 减排量（kg）	2499
年节约成本（美元）	883

四 英国石油公司

英国石油公司（British Petroleum，BP）由前英国石油、阿莫科、阿科和嘉实多等公司整合重组形成，是世界上最大的石油和石化集团公司之一。公司的主要业务是油气勘探开发、炼油、天然气销售和发电、油品零售和运输以及石油化工产品生产和销售。此外，公司在太阳能发电方面的业务也在不断壮大。2005 年，BP 组建 BP 可再生能源公司，开展低碳与零碳能源、碳捕集与封存、天然气发电、生物燃料以及分布式能源等业务。除了风能与生物燃料之外，BP 为拓展新兴产业，专门成立 BP Venture 部门，投资处于早期开发阶段的技术，包括交通领域的无人驾驶汽车、电动汽车等先进技术。2017 年 BP 投资美国电动汽车快充系统生产商，于 2018 年推出 FreeWire 移动充电设备，并首先在英国和欧洲指定的 BP 零售加油站投用。

BP 结合自身优势，新能源战略从以太阳能为中心调整为以风能和生物质燃料为中心，并采用不同的业务拓展策略。

一是在业务拓展初期，选择以收购为主要方式，快速进入目标市场。 2006 年 BP 收购美国 Charlottesville 风能公司 50％的风能业务；收购美国风能发电开发商 Greenlight 能源公司；2007 年收购风能公司 Orion 能源公司。

二是随着业务运营规模与经验的提升，选择以合资合作方式控制项目风险。 2008 年 BP 与科罗拉多公共服务公司、爱迪生和西星能源等公司合作开发风能项目；2012 年与美国 Sempra 公司合作开发夏威夷 Auwa hi 风电场；同年又与美国 Clipper 风能公司达成协议，联合开发 5 个风能项目。BP 公司 2018 年宣布收购 Chargemaster 公司，这家公司是英国最大的充电桩供应商和运营商，拥有 6500 个公共的和 3 万个住户充电桩。同时 BP 还投资 500 万美元给电动车移动充电系统供应商 Free Wire，投资 2000 万美元给电池技术公司 Store Dot。

第四节　法国综合能源服务典型实践

一　法国燃气苏伊士集团

法国燃气苏伊士集团（ENGIE，前苏伊士环能）是涉足能源领域的一家跨国集团，苏伊士环能集团源自 2008 年 7 月 22 日法国燃气集团和苏伊士集团的合并，2015 年 4 月 24 日，苏伊士环能集团正式更名为法国燃气苏伊士集团（ENGIE）。ENGIE 发展以天然气三联供为核心的冷、热、电能源服务，并凭借自身具备的水务、燃气、废弃物循环利用处理能力，以市政公共服务为切入点，为客户提供涵盖冷、热、电、水、气和环保的综合能源服务。在能效服务方面，ENGIE 提出 6 个战略聚焦领域，包括：可持续交通、分布式能源、互联建筑物、城市解决方案、氢能和储能技术。2017 年，ENGIE 总收入为 650.29 亿欧元，能源服务收入 21.42 亿欧元，占总收入的 32.95%，见表 4-7。

表 4-7　　　　　　2016～2017 年 ENGIE 能源服务收入

时间	2016 年	2017 年
能源服务相关收入（百万欧元）	20306	21424
占比（%）	31.32	32.59

ENGIE 通过并购方式，广泛涉猎能源行业新技术，深入拓展综合能源服务的各业务领域的价值高地。ENGIE 于 2014 年并购 ECOVA，2016 年并购 C3 资源，发布用能优化平台 Blu.e，为工业用户优化能源利用。另外，ENGIE 还并购能效服务商 Keepmoat Efficiency（U.K.）和 Opterra

(U.S.)，获取国际地位。ENGIE 参与 Ene. field pilot，与道达尔成立合资公司，为用户提供氢能发电。为获取核心竞争力，ENGIE 广泛投资新技术，包括储能、电动汽车充电和需求响应。2017 年，在南非，ENGIE 收购暖通空调服务商 Thermaire 和 Ampair。

ENGIE 在中国的能源转型进程中发挥重要作用。ENGIE 在可再生能源、绿色燃气、绿色交通及出行、区域供冷供热等领域积极开拓低碳、分布式和数码技术的能源解决方案，并将在中国市场投资 10 亿欧元。ENGIE 在华发展战略聚焦于低碳能源的生产（天然气、可再生能源）、能源的分布式生产、分布式解决方案及数码技术在能源领域的应用，一是可再生能源，诸如太阳能光伏、聚光太阳能发电 CSP、风电、小型水力发电等；二是天然气、液化天然气、绿色燃气，诸如生物沼气、氢能相关业务等；三是城市 & 工业客户解决方案，诸如热电联供、区域集中供热和供冷、电动汽车充电解决方案、智慧楼宇服务、能效服务等。目前 ENGIE 在中国有 5 家分支机构，分布北京、上海、重庆、四川，主要通过与国内龙头燃气公司、地方分布式能源企业、能源服务企业成立合资公司，布局中国市场业务。

2016 年 9 月，ENGIE 旗下合资公司重庆中法能源服务有限公司与合川区人民政府、西南制药一厂共同签署合作协议，在合川工业园区渭沱组团投资天然气分布式能源项目。该项目通过利用重庆可再生的长江江水资源和丰富的天然气资源，采用以天然气为一次能源进行发电，利用发电余热制冷制热的三联供和江水源热泵复合系统，在地下建设区域能源站，通过区域管网和能源换热站，供给 80 万 m² 建筑物各楼栋用户，进行集中供冷供热。该项目自 2014 年年底正式投入运营以来，截至 2016 年 9 月 20 日，总计向用户供能 703 万 kWh，为每栋用户节约 15% 的运营成本，为每栋建筑减少 40% 的电力装机容量，节约 75% 建筑空调机房面积，较传统中央空调机组减少 50% 的碳排放。

二　法国电力公司

法国电力公司（EDF）是一体化的公用事业公司，拥有石油、煤炭、天然气、核电等业务。为适应能源转型，法国电力公司提出 CAP2030 战略。该战略的三个重点是：更加贴近消费者、可再生能源战略、国际化战略。其中，更加贴近消费者战略，其核心是提供分散式能源解决方案、个性化的能源服务和智能电网，为客户提升能源效率。客户服务方面，法国电力公司实施的是细分市场差异化策略。法国电力公司为居民、工商业用户提供屋顶光伏的设计、建设、运营，建筑能效服务，通过投资 Linky 的智能电能表来提高配电网效率，同时还从事储能和虚拟电厂等业务。EDF 的 B2B 服务业务主要通过并购 Dalkia、ATS、Rami Services 和 Dauvister 等公司来实施。

法国电力公司通过建立企业数据分析中心，对客户有关数据进行研究分析，有效支撑了综合能源服务业务的快速发展，取得了良好的社会效益与经济效益。**一是成立独立的服务型运营分析中心**。法国电力公司将电表数据、用电合同数据、电网数据等数据资源整合为企业大数据库，将其作为重要资产管理对象，设立独立部门进行专业分析与管理，帮助企业开拓综合能源服务市场、提升服务质量、降低运营成本，有效利用了数据资产价值，促进了企业管理优化与高效发展。**二是注重数据分析处理能力的提升**。法国电力公司非常重视数据质量与数据处理能力的提升，由专门的数据质量管理专家进行数据质量管控，重视对数据提取、数据质量、分析技术及工具研发，从多个角度对市场消费群体进行精确区分和定位，并通过数据分析对企业自身、市场、环境进行准确判断，为推进综合能源服务的发展提供了强有力的数据分析支撑。**三是促进数据资产价值增值**。法国电力公司通过对数据资产分析利用，实现了精确定位目标客户、推出更具盈利性的新产品、扩大企业市场份额、提升客户服务响应速度、提升企业商业运作灵活度等一系列成效，促进了数据资产价值增值。

法国电力公司承担了里昂 Confluence 生态智能社区建设项目，改造面积为 12600m²，包括混合用能大楼 Hikari、共享车辆池以及佩拉什区域 275 户社会住房。住宅能源监控系统对电、水、气使用详细测量；社区能源管理系统（CEMS）管理电力消耗、当地天气、空气质量、供热网络、单元光伏发电等信息。通过热电联产及光伏发电所产生的可再生能源约为 476MWh，相当于 Hikari 大楼中 160 户家庭消耗的能量，同时覆盖了居民 80％的用电需求和 90％的采暖需求。此外，由于对能源存储和共享的有效管理，Hikari 大楼的能耗比目前的热规范低大约 55％。

第五节　意大利综合能源服务典型实践

意大利国家电力公司（ENEL）是意大利最大的发电供电商，也是欧洲唯一通过 ISO14001 认证的能源企业，旗下主要有电力和天然气两大业务分支。"能源即服务"是综合能源服务的核心理念，综合能源服务业务发展较快且收入占比较高。七大业务包括分布式能源与微网、能效服务、需求侧管理、能源设施建设及运维、能源咨询及能源智能软件服务、智慧账单管理、电动汽车及充电。

面对世界能源转型及能源技术快速发展的形势，ENEL 于 2015 年提出了新的战略方向，即"Open Power"，充分利用内外部资源，打通利益相关者沟通渠道，满足多方诉求。在该战略指导下，公司将研发作为战略重点，立足既有技术优势，打造"电力＋通信"的智能电网供应网络，通过多元化经营来扩大自身市场竞争力。同时，通过投资并购形成能源服务业务体系，在近年并购的企业中，ENELX 关注工业服务，EnerNOC 致力于需求侧响应的能源管理平台服务，JuiceNet platform 提供电动汽车服务，DEN. OS platform 主打微网与储能产品。2011～2016 年零售与能源服务投资持续增长如图 4-13 所示。

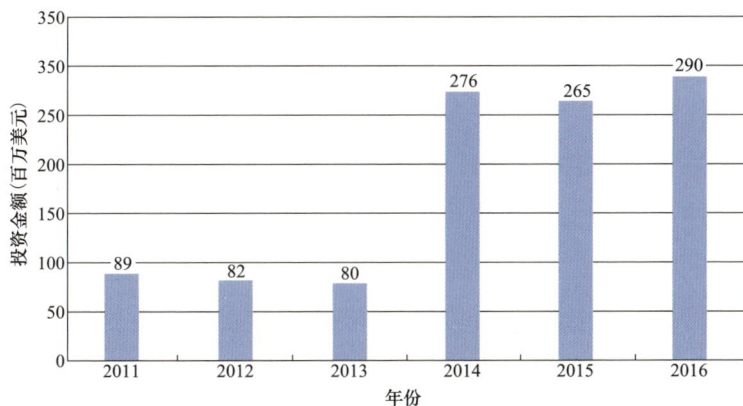

图 4-13　2011～2016 年零售与能源服务投资持续增长

意大利国家电力公司承担的典型项目主要包括开发新型储能和光伏系统、住宅储能技术的研发与应用、电动汽车储能市场、智慧能源软件业务、智慧农场以及公寓楼微网等项目。

（1）开发新型储能和光伏系统。分布式能源的利用需要储能设施的配合。通过和储能领域的先进企业签订合作协议，意大利国家电力公司将储能和光伏系统综合应用于具有较高商业潜力的国家。2015 年，意大利国家电力公司在南非建设合计输出功率为 83MW 的光伏电站 "Pulida"，投入运营后的年发电量预计在 150GWh 以上，相当于南非约 4.8 万户居民家庭一年的用电量，同时，基于特斯拉电池的创新光伏组件，为约翰内斯堡地区的家庭能源管理自动化提供解决方案。

（2）住宅储能技术的研发与应用。住宅储能系统是指用户能够储存并利用自己生产的能源，比如通过光伏系统，用户将电能储存到电池中备用。当前，全球并网的住宅类光伏储能系统安装量突飞猛进，据 IHS Technology 报告显示，2018 年全球住宅类光伏储能市场将比 2014 年增长十倍，良好的市场发展让意大利国家电力公司对于住宅储能技术格外重视。

(3) 电动汽车储能市场。2015 年意大利国家电力公司和特斯拉达成协议，在意大利国家电力公司的太阳能电厂和风电厂应用特斯拉的储能系统，并在分布式发电、微电网、绿色交通等综合能源服务相关领域进行深度合作，目的是增加意大利国家电力公司的绿色电力生产，为可再生能源接入电网提供优质的服务，同时推动电动汽车的快速发展。

(4) 智慧能源软件（EIS）业务。2017 年 8 月，ENEL 收购 EnerNOC 公司。EnerNOC 公司是一家提供需求侧响应的智慧软件公司。EnerNOC 的业务主要是电能管理，通过网络中心对工商业用户的电力负荷进行远距离的管理，从能源管理出发，开发了一套完整的系统，提供系列解决方案。客户类型分两类，一类是工商业用户，EnerNoc 向他们售卖能源智能管理软件；另一类是电力公司，EnerNoc 向他们售卖解决方案和特定的模块系统，减少用户管理能源类账单的时间。作为智能能源管理服务平台，该公司的智能软件（EIS）服务可以为很多行业提供能源管理服务。如商业地产、政府和教育机构、医疗机构、制造和生产企业、零售、公用事业企业等。这家公司为意大利国家电力公司带来了 8000 个客户、1.4 万个站点以及近 6GW 的需求侧响应装机量。

(5) 欧洲第一个智慧农场项目。2016 年 6 月，ENEL 与意大利最大农场控股公司 Bonifiche Ferraresi 签署的合作协议，在约 5500 公顷的农场，提供"智能农场"模式的一揽子定制综合能源服务，方案获得 Sodalitas 社会奖。该项目由 ENEL 提供交钥匙工程，方案内容包括：建设两个光伏电厂（200kW 和 500kW）、电池储能（100kW -特斯拉）和 3 个充电站，配置 5 辆电动车和 50 辆电动汽车，提供 V2G 技术服务和基于需求侧响应市场的增值服务。

(6) 纽约第一座自给自足的公寓楼微网项目。ENEL 集团旗下的 Demand Energy 公司开发了分布式能源网络优化系统 DEN. OS 智能软件管理系统，通过构建微电网系统，为 625 套公寓楼提供用能服务项目。方案包括 400kW 光伏系统、300kW/1.2MWh 储能系统、400kW 燃料电池和

DEN. OS 智能软件管理系统。DEN. OS 智能软件管理系统根据市场电价，预测可再生能源生产量和电池充电水平，通过不同发电电源的最佳组合系统满足电力高峰需求。该系统为提高能效和弹性提供了完整的解决方案，可应用于微电网、传统发电和配电网络。此外，该项目还创新了不需要预付费的模式。

第六节　美国综合能源服务典型实践

一　Opower 公司

Opower 公司成立于 2007 年，致力于为客户提供家庭能源管理解决方案，2016 年被 ORACLE 收购。Opower 公司作为第三方电力交互平台，利用移动终端为电力公司和客户提供能源利用特性分析，给出节能增效的建议措施；利用大数据分析等手段，从能效管理、需求响应和智能家居控制等方面对客户用能提供个性化定制，增强客户与电力公司的互动。

Opower 公司的主要业务覆盖以下四个方面：**一是客户定制服务**，Opower 公司通过移动终端为客户定制 Opower 电能分析服务来降低能耗，同时基于移动终端的 APP 应用，扩大客户群，从而增强竞争力。**二是能效管理**，Opower 公司通过移动终端查询竞争对手或小区用能排名，从而进一步定制高效管理服务，其中针对低收入家庭则可以通过移动终端定制最大化节能省电服务模式。**三是需求响应**，通过提前通知客户避开高峰时段实现通知预警功能，同时还可以使客户利用移动终端远程综合控制家用电器，从而实现智能控制功能。**四是智能家居**，Opower 公司为高耗能客户提供智能恒温器，设计最优运行模式，利用移动终端远程控制家庭环境。

Opower 公司在业务开展过程中形成了如下典型特征。

（1）构建各方共赢的商业模式。Opower 公司的定位是一家"公用事业云计算软件提供商"，采用共赢的商业模式为用户节电。Opower 公司运营模式是 B2B 模式（企业对企业）而非 B2C 模式（企业对终端消费者）。一是电力公司从 Opower 公司购买相关软件，并免费提供给其用户使用，为用户提供个性化节能建议。二是 Opower 公司为电力公司提供需求侧数据，帮助电力公司分析用户电力消费行为，为电力公司改善营销服务提供决策依据。三是通过发送短信给用户劝其避免在电力高峰时刻进行洗衣、制冷等高耗能活动，协助电力公司进行需求侧响应。

（2）通过大数据与云平台实现多种数据分析处理。Opower 公司通过收集数据、分析数据、反馈数据的流程，为居民用户提供个性化用能方案建议。Opower 公司从所服务的公用事业公司取得大量的家庭能耗数据，整合行为科学理论、房龄信息、周边天气等，运用自己的软件系统进行用能分析，建立家庭耗能档案，并通过综合分析提出节能建议。Opower 公司基于可扩展的 Hadoop 大数据分析平台，搭建其家庭能耗数据分析平台，为公用事业公司整合用户能耗数据，通过云计算技术，实现对用户各类用电及相关信息的分析，建立每个家庭的能耗档案，并在与用户邻里进行比较的基础上，向用户提供定制化的用能管理以及节能建议。

（3）设计开发互动化、个性化的客户账单服务。**一是设计直观、感性的用能账单**。个性化账单增加用户的亲切感，同时注重用户体验。根据用户用能情况，在账单或报告上印上"笑脸"或"愁容"的图标；以柱状图等形式对用户家中制冷、采暖、基础负荷、其他各类用能等用电情况进行分类列示。**二是提供用户用能异常主动报警服务**。客户收到账单后，立刻能够在账单上查明有针对性的用能提示。当用户出现高耗能的设备，立刻主动报警，提示用户。通过用能提示，客户节能提升 6%，电力公司计费呼叫降低 19%。**三是引入邻里比较，激励客户节能**。Opower 公司充分借鉴了

行为科学相关理论，将电力账单引入社交元素，在客户的账单设置几组独特的比对，主要包括用户实际电费、节能用户的电费、个人历史及邻居电费。同时，账单中还有鼓励或是预警的提示，并附有用能解决的方案。通过简短的提示标语，激励用户更好地履行节能义务。

二　C3 Energy 公司

C3 Energy 公司是美国一家提供付费软件和数据有偿处理的能源科技公司，现已成长为能源大数据领域的领军企业。C3 Energy 公司身兼系统维护者、监测者、沟通平台等多种角色，运用大数据、智能电网分析、社交网络、机器学习和云计算等技术手段整合大量数据，为公用事业公司或电力公司提供电网实时监测和即时数据分析，同时也对终端用户进行需求响应管理。C3 Energy 公司的分析云平台和软件应用被 20 家北美及欧洲公用事业公司和电力公司广泛使用。

C3 Energy 公司以 C3 数据集成器为基础，整合来自公用事业公司内部和其他第三方的超过 22 种数据，包括公用事业公司拥有的仪表数据、能耗数据，第三方或用户的建筑物特性、企业运营情况、地理信息数据等，从而形成分析引擎，提供电网实时监测和即时数据分析。

C3 能源分析引擎平台将多个分散电力系统数据存储在云平台上，与工业标准、天气预报、楼宇信息、持久协议和其他外部的数据相结合。C3 Energy 公司基于该平台开发了 2 个分析工具，如图 4-14 所示。一是 C3 电网分析，主要面向公用事业公司、调度机构、输配电公司等智能电网拥有者、操作者、使用者，用于降低电网运营成本、预测并应对系统故障、掌握用户耗能情况等。二是 C3 电力用户分析，主要面向公共事业公司，帮助其了解用户用能情况，合理设计需求响应方案，提供能源投入冗余分析、能耗基准点、电力用户空间视图等服务类应用；通过公共事业公司授权面向用户，用户可以借此进行能耗管理，响应需求管理，调整用能安排。

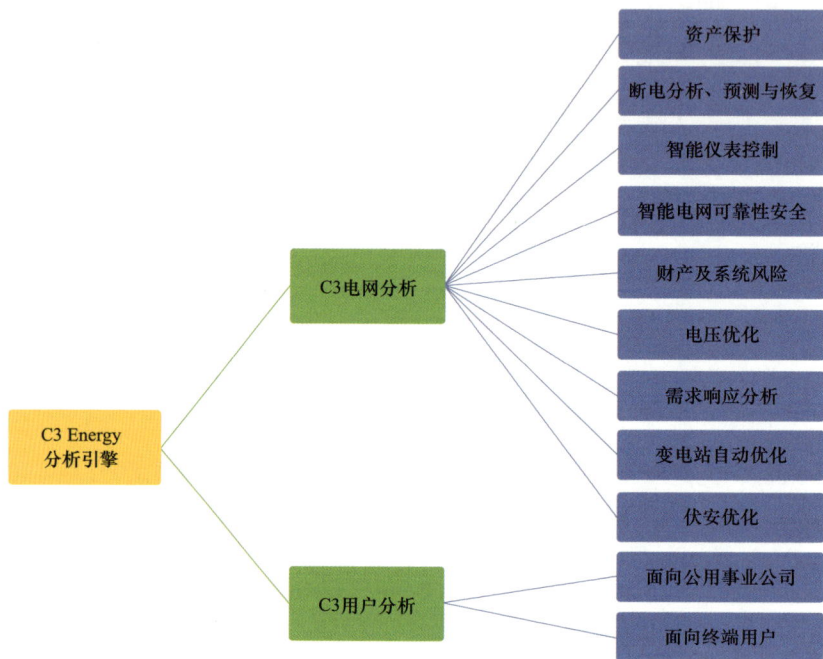

图 4-14　C3 Energy 分析引擎与提供业务

2013 年，C3 Energy 公司承担了巴尔的摩天然气和电力公司（Balti-more Gas and Electric Company，BGE）"改善 AMI 网络健康和减少无计费能源"（Improving AMI Network Health and Reducing Unbilled Energy）项目，2014 年 5 月正式投入使用。该项目从计划、规模测算到数据整合、程序设计，到最后根据 BEG 的系统要求，开发出适用的操作界面投入使用，历时长达 28 周。

该项目将巴尔的摩天然气和电力公司服务范围内的 200 多万智能电能表读数接入 C3 Energy 分析引擎，12 个巴尔的摩天然气和电力公司的大型企业用户同意同步企业信息。巴尔的摩天然气和电力公司 2013～2014 年超过 10TB 的历史数据已经被整合形成云数据库，另外，每天整个项目的覆盖范围会向 C3 Energy 分析引擎回传 8GB 新数据，140 多项复杂云计算不间断运转。

该项目的主要载体为智能仪表控制和资产保护两项解决方案。通过智能仪表控制，巴尔的摩天然气和电力公司可以借由 C3 Energy 提供的软件界面实时监测网内每一条线路、每一个变电站的工作状况，跟踪保障智能仪表系统从安装到淘汰整个生命周期的运行有效性；而通过资产保护，巴尔的摩天然气和电力公司可以得到 C3 Energy 分析量化后的电网日常线损以及人为损害、自然灾害损失。同时，C3 Energy 与巴尔的摩天然气和电力公司的一线工人合作，对重点区域进行点对点田野调查，及时确定能损反馈给 BGE 电网管理者，及时排除故障，规范无序资产。

该项目使巴尔的摩天然气和电力公司的线损量从 440MWh 降低到 220MWh，运营效率也有所提高。根据双方的估算，C3 Energy 系统的植入每年会给巴尔的摩天然气和电力公司及其用户带来超过 2000 万美元的经济效益。

三 Direct Energy 公司

Direct Energy 公司创建于 1986 年，位于美国休斯敦，是美国最具有竞争力的电力、燃气和能源服务供应商，该公司拥有超过六百万居民和商业用户，业务遍布 46 个州和哥伦比亚特区。2002 年，Direct Energy 公司被世界 500 强的英国煤气公司 Centrica 收购，大幅提升了在国际上的知名度。随后，该公司收购了一些优质能源服务公司，其中包括金塔纳矿业资源公司、巴斯特罗普能源中心、巴黎能源中心、Rockyview 能源公司和 Clockwork 家庭服务公司等，这使得 Direct Energy 公司成为北美最大的能源和家庭服务供应商。

Direct Energy 公司坚持以提供多种能源整体解决方案为导向，根据客户需求进行定制服务、产品和服务创新，致力于开发、投资、建设、运营管理能源服务产品，实现由能源供应商向综合能源服务商的转变。

(1) Direct Energy 公司为客户提供差异化定制用电服务策略，满足客

户多元化诉求。Direct Energy 公司将客户分为工业客户和居民客户两类，如图 4-15 所示，将工业客户的需求分为五大类，包括减少能源成本、减少能源消耗、减少二氧化碳排放量以及自身不必要的投资等，在明确客户需求和自身服务目标的基础上，为客户提供一步到位服务。将居民客户需求精准定位，利用信息平台提供定制化服务，包括用电信息、剩余电费、电价、节能节电建议、电费充值卡、申请及跟踪业扩报装、故障报修等业务实时跟踪服务等，为居民客户提供各种"能源组合套餐"和更经济的消费选择权。

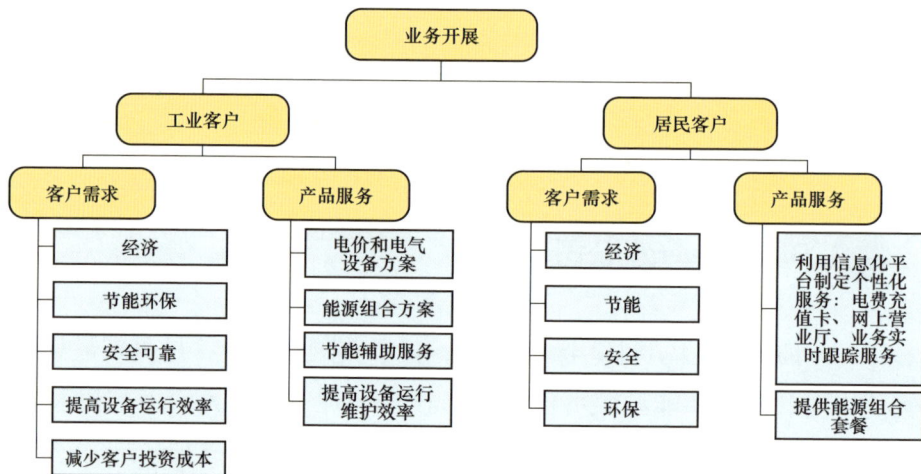

图 4-15　Direct Energy 公司差异化定制业务

（2）Direct Energy 公司依托主营业务积极拓展增值服务，提高客户黏度。 一是为客户提供一系列的节能改造服务，如为客户设计安装高能效设备，客户再逐月通过电费形式支付改造成本；二是培养专业技术人员为客户提供空调、暖气、家用电器等家庭设备维修服务；三是通过电力消耗监控等技术，帮助客户实时了解电力消耗水平及电力支出情况，为客户提供节能诊断服务；四是通过与餐饮、娱乐、通信、交通等行业企业合作，进行电费积分兑换或优惠买单。

2014 年，Direct Energy 公司与西门子公司签署了安装需求响应管理系统（DRMS）的战略合作协议。作为面向个人用户的公共事业公司，Direct Energy 公司将直接采用西门子 DRMS 解决方案来管理其现有多个独立系统运营商（ISOs）的地区负载业务，其中包括 PJM、ERCOT 和 NYISO。用西门子 DRMS 中嵌入的预测和分析引擎结果带来的杠杆优势，Direct Energy 公司可通过对供应方合约进行套期保值，或在高需求及供应价格升高时获得最大化收入，从而优化以市场为导向的交易。

Direct Energy 公司与 SolarCity 公司共同出资投入工商业太阳能租赁计划。通过与终端用户签订能源采购合约（PPA）收取租赁费，与投资方共同享受政府的返现、税收补贴等。同时住户以支付月费的方式租赁太阳能电池板，也省去了购买设备和安装的大笔开支。为了方便工商业客户的支付，SolarCity 公司为 Direct Energy 公司客户提供两种租金计算方式，一种是固定费率，一种是先低后高，每年调涨。通过此次商业模式的创新，Direct Energy 公司的部分工业客户可以不用先付出成本，只要日后付租金，以租赁的方式安装太阳能电池，自发自用，余电上网。

第七节　日本综合能源服务典型实践

东京电力公司创立于 1951 年，是一家集发电、输电、配电于一体的日本大型电力企业，总市值超过 1.1 万亿人民币，是亚洲乃至全球最大的私营电力企业。东京电力公司物联网架构如图 4-16 所示，其综合能源服务业务主要涵盖家庭节能管理、商业节能管理、智慧能源解决方案、清洁能源、需求响应、全电厨房等业务。目前其核心集中在两个方面：一是搭建公平、中立、旨在接入可再生能源的智能输配电力网络，二是搭建物联网平台，通过可视化工具，提供用电信息服务。

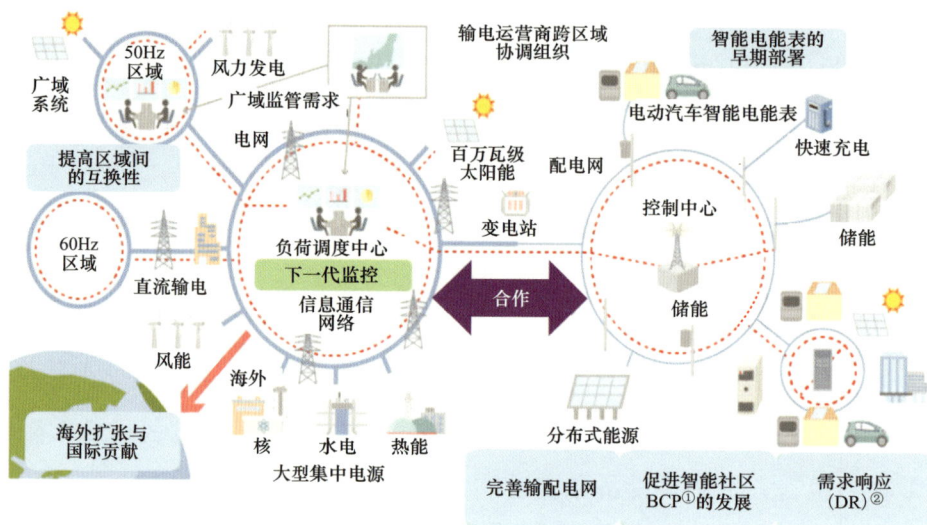

图 4-16　东京电力公司物联网架构

①发生重大灾害或者事故后仍继续作业的计划。

②鼓励改变用电模式，使终端用户用电更少。

东京电力公司于 2016 年 10 月～2017 年 12 月进行了 3 次基于非入户式负荷分离技术的示范测试，分别与日立、松下等技术企业，大和生活、大东建托等物业公司合作，对基于 NILMD 技术家庭用电信息监测系统进行了测试，并探索开展包括电器用电状态提醒、看护服务、住宅安全管理、家电自动运行管理、基于居住环境评价的新型租赁模式等服务，见表 4-8。

表 4-8　东京电力公司家庭用电信息监测系统示范项目

测试时间	2016.10～2017.3 6 个月	2017.8～2017.10 3 个月	2017.10～2017.12 3 个月
测试地点	东京都，埼玉县，神奈川县，千叶县	关东、关西地区	关东地区
测试规模	100 户	50 户	20 户

续表

测试时间	2016.10～2017.3 6个月	2017.8～2017.10 3个月	2017.10～2017.12 3个月
测试内容	1. 安装电力传感器和住宅温度等环境传感器，搭建家庭用户用电信息监测分析系统，验证整个系统的有效性； 2. 验证包括宽带传输、高速 PLC 通信等多种通信方式	1. 安装专用电力传感器，从住宅整体的用电情况中，分离出各家电的用电情报； 2. 设置附带远程遥控器的环境传感器，测定住宅内温度和湿度等数据； 3. 建设各家电能够自动运行和控制的智能家居系统	1. 安装专用电力传感器，从住宅整体的用电情况中，分离出各家电的用电情报； 2. 开发和探讨新服务
合作方	东京电力公司：开发专用传感器、进行数据处理和共享，搭建用电信息监测系统；日立公司：负责开发专用系统，建设数据平台，用于收集和加工这些数据；松下公司：高速 PLC 方式，构筑连接住宅内各机器的网络，并验证其有效性	东京电力公司：开发物联网平台，对电力传感器测得的数据进行分析和处理；大和生活管理：通过附带远程遥控的环境传感器，检测和收集家庭温度和湿度，并将用电和温/湿度数据上传至 plusbenlly 数据平台	东京电力公司：开发住宅内物联网平台，对传感器测得的数据进行分析和加工，并开发新服务。大东建托：开发能够可视化的用电情况应用程序 DK SELECT，为开发多样化的服务进行试验
拟开发的新服务	1. 提醒客户忘记关电源、电器使用过量； 2. 根据家电使用情况和温度信息，推行看护服务，加强住宅安全管理等； 3. 了解客户生活习惯，推行适宜的商品和服务	1. 开发空调等家电的自动运行和控制功能； 2. 通过建设能源管理系统，将居住环境或房租与光热费结合，开发新的租赁模式	暂无

在示范基础上，东京电力公司与科技公司联合成立专门商业公司，进

一步推进技术提升和业务扩展。东京电力公司于 2018 年 2 月成立 Energy Gateway 公司，并引入战略合作伙伴 Informetis 公司（占 Energy Gateway 公司 40％股份，负责提供核心技术）。该公司基于物联网平台，利用非入户式负荷分离技术对家庭用电信息进行收集，并结合温度、湿度等信息，形成商业化的家庭用电数据。Energy Gateway 公司服务流程示意图如图 4-17 所示。一方面用于对家庭能源管理系统进行规划和设计；另一方面将信息进行分析和加工后，提供给其他服务型企业，包括房地产企业、保安公司、保险公司、医护服务公司和电力中间服务商等，这些服务型企业可以进一步为家庭用户提供包括能源服务、能源管理服务、医疗介护和警备等多种服务。

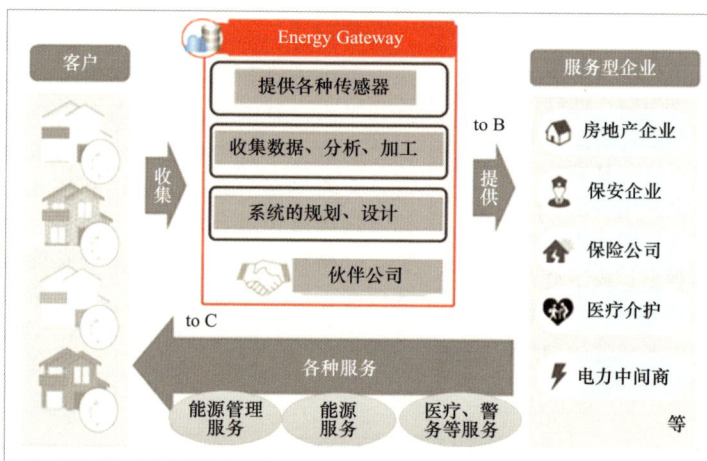

图 4-17　Energy Gateway 公司服务流程示意图

本章小结

　　本章梳理了国外综合能源服务的发展现状，从战略调整、目标客户、创新业务、拓展策略、商业模式以及品牌策略等六个方面总结国外综合能源服务先进经验，进而分别对德国、英国、法国、意大利、美国和日本六

个国家的综合能源服务发展现状和典型综合能源服务概况进行了分析介绍。
主要结论如下：

（1）欧洲主要国家十分注重能源系统间的耦合互动与集成应用。美国
侧重于分布式能源和以智能电网为核心的综合能源网络的应用。日本关注
用户侧的综合能源服务，促进能源结构优化和能效提升。

（2）全球主要电力企业都面临能源转型、激烈的市场竞争、客户大规
模流失风险、电价收益降低的挑战，以及可再生能源经济性提高的机遇。
通过拓展综合能源供应，布局电力产业多元化业务领域，获取多来源收入，
提高企业可持续性，是大多数电力企业的战略选择。

（3）国外企业发展综合能源服务有较为有利的体制因素：一是国外典
型电力企业大多为一体化的企业，在综合能源服务领域具备天然优势，其
战略布局向下游延伸，能较快发挥综合资源的整合优势；二是国外电力市
场建设较为成熟，市场的价格发现机制较强，综合能源服务价格组合较为
多样化。

（4）国外能源电力企业发展综合能源服务以工商业用户为主，并积极
布局居民用户。

（5）国外大型能源电力企业重点开展的综合能源服务主要包括能效服
务、能源管理平台、基于电能的冷热供应、分布式光伏、分布式发电交易
服务、储能、电动汽车充电、需求响应、绿色电力销售、设备代维、微
电网/微能网、综合能源套餐服务、能源电信套餐服务、家庭监护、全
电家庭等。其中有四项前瞻业务，即储能服务、基于电能的冷热供应、
基于区块链技术的分布式能源管理与交易服务、基于数据的能源管理平
台服务。

（6）国外能源电力企业主要通过风险投资、私募股权投资进行前瞻性
布局模式。

（7）商业模式创新集中于欧美地区，可供借鉴的模式包括重资产项目
"建设-出售-运营"模式、储能租赁模式和平台模式。

（8）国外能源电力企业开展综合能源服务的品牌策略多以母子品牌模式为主，兼有多品牌模式。

（9）发达国家综合能源服务产业专业化分工明确，不同专业间技术壁垒较高，通过产业平台加强技术交流和项目合作。

第五章 我国综合能源服务发展现状

第一节 整体发展概况

我国综合能源服务企业提供的综合能源服务种类繁多，当前初期阶段主要有两类发展模式：一种是产业链延伸型综合能源服务模式，主要以能源电力企业为主体，这些企业以主业为基核，通过技术与模式创新，充分挖掘自身核心价值，向产业链上下游延伸。从业务特点来看，主要包括以电切入和以气切入两大类。以电切入，主要有传统用电服务和新兴用电服务，包括分布式发电、储能、增量配售电，多能互补、需求响应、虚拟电厂、能源管理、碳资产、电动汽车等。以气切入，主要通过提供天然气及天然气三联供为核心，向电力产业链下游延伸，包括分布式清洁能源发电、增量配售电、能源管理服务、电动汽车服务等。**另一种是信息技术类能源增值服务模式**，主要以互联网与信息通信产业相关企业为跨界主体，利用"大云物移智链"技术，全方位渗透能源电力全产业链，提供数字化综合能源服务。从业务特点来看，主要是以信息平台切入，利用软件设计与开发优势、"大云物移智链"技术和互联网运营管理经验，开展包括智慧能源管理平台、购售电商务平台、车联网、大云物移智链应用，见表5-1。

表 5-1 我国综合能源服务商分类

业务特点	业务类型	企业类型	代表企业
以电切入	分布式清洁能源发电、多能互补、储能、智慧微能网、增量配售电、需求响应、虚拟电厂、节能环保、能源托管、能源碳资产、能源管理系统、电动汽车等	发电企业、电网企业、售电公司、地方能投、电力设备企业、电能服务商、负荷集成商等	华能、华电、国电投、华润、大唐、南网能源、浙江能投、北京控股、特变电工、协鑫集团、天合光能、远景能源等
以气切入	天然气三联供、分布式清洁能源发电、增量配售电、储能、能源托管、节能环保、电动汽车等	传统化石能源企业	中石油、中石化、新奥燃气、中国燃气、北京控股等
以信息平台切入	能源管理信息系统、能源物联网、车联网、购售电商务系统、能源数据增值服务、大云物移智链应用等	互联网企业、ICT信息企业、能源软件企业等	阿里巴巴、百度、腾讯、华为等

从环节上来说，综合能源服务关键业务主要包括工程设计与建设类、运营管理维护类、售能服务、咨询服务、电动汽车、绿色金融等，目前我国采用的商业模式都较为成熟，见表 5-2。

表 5-2 综合能源服务关键业务及收益模式

分类	关 键 业 务	收 益 模 式
工程设计与建设类	新建工程、改扩建工程等	工程总包（EPC＋融资＋投资）/BT/BOT/BOO/PPP等模式
运营管理维护类	能效监测、设备运维、能源托管、节能改造、需求响应、大数据分析、储能服务等	合同能源管理、设备融资租赁、服务费、能源物业费等模式
售能服务类	市场化售电、分布式能源交易，套餐服务，"互联网＋售能"等	服务费
电动汽车类	充电桩建设运维、电池充换电服务、电池梯级利用等	电费收入、分时租赁、管理费

续表

分　类	关　键　业　务	收　益　模　式
咨询服务类	能源审计、用能咨询、绿色认证等	咨询服务费
绿色金融类	绿色信贷、绿色票据、绿色债券、碳金融、绿色信托、绿色基金、绿色保险等	利息收入、管理费收入、资产价差

当前，我国综合能源服务市场显现出以下四个特征。

（1）"打造核心价值理念，开展顶层设计、试点先行"，积极布局综合能源服务。能源生产型企业向能源服务型企业转型，是我国能源工业转型升级的必然趋势。服务用户需求的综合能源服务，恰逢其时。当前阶段，综合能源服务业务的开展仍处于探索试点期，各类企业纷纷提出综合能源服务的概念，以国家能源战略为指引，结合自身企业特点，打造综合能源服务的价值理念，开展综合能源服务业务发展的顶层设计方案，选取试点项目，自上而下与自下而上统筹，推动综合能源服务发展。例如国家电网公司"向综合能源服务商转型""综合能源服务行动计划"、新奥集团的"泛能网"等。

（2）受益能源体制改革，当前综合能源服务多集中于终端用能领域。随着我国电力、油气领域的改革不断深化，售能市场的放开，各类市场主体都积极布局终端售能市场，释放改革红利。在此背景下，分别以售电、售气、售油等为切入点的综合售能服务，成为能源电力企业和跨界企业的首选领域。从近期看，由于我国能源电力市场长期呈"竖井式"发展，综合售能服务也只体现为简单的组合式发展，协同效益较低；从长远看，提供客户综合用能需求的供冷供热供电的多能服务，将成为综合能源服务的发展趋势。

（3）综合能源服务业务快速迭代，市场竞争加剧，但逐步趋于理性。我国经济进入提质增效阶段，新产业、新业态、新模式加速发展，为综合能源服务提供广阔的市场空间。综合能源服务创新理念提出伊始，参与能源电力市场的各类主体纷纷加速市场开拓，涵盖能源电力行业发展最新业态，包括新能源、储能、电动汽车、节能节电、能效提升、能源托管、设备运维、增量配售电市场、绿色金融等，综合能源服务业务呈现百花齐放、快速迭代的同时，在园区、公用建筑、工业企业客户等用能需求领域竞争较为激烈。由于综合能源服务并没有行业标准，轻资产与重资产模式并存，进入门槛低且商业模式尚未突破，综合能源服务市场逐步聚焦于政策导向明确、终端客户需求具有规模化的用能细分市场，投资者趋于理性。

（4）开拓综合能源服务市场，创新赋能成为获取客户的主要手段。长期以来，我国能源电力供应仅满足终端客户的基本生产生活用能需求，在国家能源供应与消费革命战略的推动下，供应与消费模式均面临转型升级，从而催生综合能源服务市场。当前客户的显性需求，大多能源电力企业都能满足，基本属于红海，而客户的隐形需求，虽然是蓝海，但市场开拓难度较大。当前，很多能源电力企业和跨界企业纷纷开展客户用能需求特性分析，力图提供更多差异化、定制化、一站式的综合能源服务。

第二节　我国综合能源服务重点服务商案例与实践

一　传统能源企业

化石能源企业方面，中石油、中石化和中海油将综合能源服务定位为主要服务于石化领域的售电及其相关服务。中海油因为天然气优势 2002 年已涉足气电领域，中石油、中石化从 2017 年开始进入售电及相关服务领域。

发电企业方面，发电企业业务战略布局整体较为同质，均以售电为切入点，开展以综合能源供给为重心的综合能源服务，重点布局发展清洁能源和售电业务。神华集团（2017 年与中国国电集团公司合并重组为国家能源投资集团）积极探索贴近需求侧的综合能源供应商业模式。大唐集团的目标是通过 2～3 年时间构建适应市场、统一协调、机制灵活、决策高效、体系完整的营销体系，向综合能源服务企业转型。

电网企业方面，电网企业布局综合能源服务具有一定基础，主要与节能、电能替代相关。中国南方电网有限责任公司最早布局综合能源服务市场，2010 年成立南方电网综合能源股份有限公司。国家电网有限公司于2013 年成立国网节能服务有限公司（后于 2019 年更名为国网综合能源服务集团有限公司，简称"国网综能服务集团"），并于 2017 年开始在各省公司成立综合能源服务公司。

售电企业方面，国内独立售电公司购售差价盈利空间有限，业务灵活性强，主要面向终端客户，重视用户体验，并试水碳交易市场。

1. 国家电网有限公司

国家电网有限公司（简称"国家电网公司"）自 2017 年进军综合能源服务领域以来，发布了多个纲领性文件，指导不同阶段综合能源服务业务发展方向。2017 年 10 月印发的《国家电网公司关于在各省公司开展综合能源服务业务的意见》（国家电网营销〔2017〕885 号），明确提出做强做优做大综合能源服务业务，推动公司由电能供应商向综合能源服务商转变，到2020 年累计实现综合能源服务业务营业收入达 500 亿元左右，力争实现 600亿元目标。该文件意味着综合能源服务业务的正式启动。**2018 年 2 月印发的《国家电网公司关于加快拓展综合能源服务市场的实施意见》（国家电网营销〔2018〕158 号）**，明确 2018 年工作目标和重点任务，全面完成省综合能源服务公司组建，推进机制建设和能力建设。2018 年国家电网公司综合能源服务业务取得了显著成绩，营业收入达 49 亿，同比增长 133%，完成阶段性目标。**2019 年 1 月印发的《国家电网有限公司关于推进综合能源服**

务业务发展 2019－2020 年行动计划》（国家电网营销〔2019〕173 号），明确近 2 年发展目标和重点任务，进一步聚焦了综合能效服务、供冷供热供电多能服务、分布式清洁能源服务、专属电动汽车服务等，推进综合能源服务平台构建。该文件于 2019 年伊始发布，对综合能源服务业务进行了更加科学、系统、全面的规划和部署，具有战略性指引的重要意义，为综合能源服务更好、更快发展注入了强劲动力。

组织架构方面，自国家电网公司提出发展综合能源服务业务以来，各省公司和产业单位积极建设相关组织机构。目前 27 家省综合能源公司已全部完成组建，成为综合能源服务业务主体，负责各省业务的整体运作。国网综能服务集团专注于综合能源服务产业，为 27 家省综合能源公司赋能。南瑞集团、许继集团、平高集团等产业单位通过事业部、子公司等多种方式形成综合能源服务组织架构，成为后台支撑主体，提供专业的技术和设备支撑。

业务绩效方面，国家电网公司处于综合能源服务业务发展初期，项目数量、营业收入等呈现快速增长态势。2019 年综合能源服务实现业务收入110 亿元，同比增长 125％。项目数量约 4700 个，优质项目不断涌现，为业务拓展积累了宝贵经验。

平台构建方面，国家电网公司积极发挥能源领域龙头企业的作用，致力于构建综合能源服务平台生态。

一是在行业层面，推动成立中国综合能源服务产业创新发展联盟。作为牵头发起方，国家电网公司联合南方电网、华能集团、大唐集团、华电集团、国家电投、国家能投、中节能、中电建、中能建、中国建科院、清华大学、华北电力大学、华为、阿里、腾讯、格力等 20 家单位，于 2019 年6 月 28 日在北京发起成立了中国综合能源服务产业创新发展联盟。联盟旨在广泛聚合行业资源，充分链接产业链上下游，紧密联系能源电力企业、节能环保企业、设备制造商、大型供热集团、信息通信企业、互联网企业，以及相关行业协会、学术科研机构等，充分发挥各成员单位在科技、人才、

市场、信息等方面的资源优势，积极推动综合能源服务产业发展，以更加高效、经济、环保的方式，满足人民群众美好生活的需求，共同打造"共创共建、互惠互利"的综合能源服务"朋友圈"。

二是在公司层面，国家电网公司在国网综能服务集团、省综合能源公司和项目公司等层面推进混合所有制改革。国网综能服务集团成立混合所有制合资公司 4 个，国网江苏省综合能源服务有限公司混合所有制公司已成立，福建省综合能源公司成立混合所有制合资公司 1 个，天津、河北、上海、江苏、浙江、重庆等 6 家省综合能源公司成立混合所有制项目公司 9 个。

2. 中国南方电网有限责任公司

中国南方电网有限责任公司（简称"南方电网"）于 2010 年年底成立南方电网综合能源股份有限公司，是国内成立较早、也是比较典型的能源服务公司，南方电网综合能源股份有限公司是南方电网"一主两翼"战略布局中综合能源业务的实施主体，节能减排业务是其最传统的业务，项目主要集中在南方电网辖区内，构建覆盖能源生产、输送、消费的综合能源服务体系。

南方电网综合能源股份有限公司着力打造"3＋N"业务体系。"3"是节能、新能源、分布式能源及能源综合利用，"N"是"互联网＋能源服务"，包括电动汽车充电运营服务、南度度节能服务、南电商城、购售电服务以及需求侧管理服务等，见表 5-3。其中节能业务主要针对工矿企业，聚焦城中建筑、道路轨道交通、道路照明等节能改造和能源托管，开发利用生物质、风电、光伏等可再生能源，并构建南度度电商平台，为企业提供优化的综合能源解决方案。节能业务整体规模相对较小，具有很大的发展空间；新能源和可再生资源开发业务在现有业务所占比重最大，以光伏项目为主，包括屋顶光伏、地面光伏，以及海上风电开发。但随着光伏补贴降低，此类业务比重将会下降；能源综合利用业务主要是煤矿瓦斯综合利用和工业企业余热余压综合利用，此类业务由于技术限制，业务比重有待进一步提高。

表 5-3　　南方电网综合能源股份有限公司 3＋N 业务体系及典型项目

3＋N	业务类型		项目案例
3	节能服务	工业节能	①遵义氧化铝公司电机节能项目 ②贵州黎平景观亮化项目 ③罗涌变电站 LED 照明节能改造项目 ④花都路灯节能改造项目 ⑤广州中心城区 LED 路灯改造项目 ⑥广东大厦建筑节能示范项目
		建筑节能	
		照明节能	
	分布式能源及能源综合利用	天然气分布式能源开发	①清远阳山县"生物质发电"项目 ②那罗煤矿瓦斯发电项目 ③贵州大湾东井西翼风井瓦斯综合利用项目 ④中电投贵州绥阳化工水泥余热利用项目 ⑤云南曲靖大山低浓度瓦斯综合利用项目
		生物质综合利用	
		工业企业余热余压综合利用	
		煤矿瓦斯综合利用	
	新能源	光伏开发	①贵州威宁光伏发电项目 ②中山格兰仕光伏发电项目 ③广州东风日产光伏车棚发电项目 ④广东富华重工光伏项目 ⑤万山海岛新能源微电网示范项目 ⑥三水工业园分布式光伏示范项目
		海上风电开发	
N	互联网＋能源服务	电动汽车充电运营服务	①深圳大运、和谐、福田、机场电动车充电站运维项目 ②东莞松山湖供电分局多能互补综合能源示范项目 ③小榄镇低碳示范社区建设项目
		南度度节能服务网	广东中检深圳能源管理中心系统
		南电商城	广州番禺光伏发电示范项目
		购售电服务	
		需求侧管理服务	

2019 年初南方电网进行了业务调整，进一步聚焦八大业务板块，重点抓住产业园区、工业企业、商业综合体、交通枢纽、数据中心等对象，向能源产业价值链整合商转型。2019 年 1 月，南方电网发布《关于明确公司综合能源服务发展有关事项的通知》（产业〔2019〕2 号），明确提出向智能电网运营商、能源产业价值链整合商、能源生态系统服务商转型的战略取向，主要聚焦新能源、节能服务、能源综合利用、电能替代、储能、科技装备、创新服务、"互联网＋"等八大业务。统筹运用能效诊断、节能改造、用能监测、分布式新能源发电、冷热电三联供、现代储能等多种技术，开展并引领综合能源服务业务发展。

机制上，南方电网实行"管控清单"审批机制、投资授权机制、职业经理人机制、"四体联运"协同机制等，促进业务灵活对接市场需求，并积极推动上市进程。审批机制和投资授权机制是在风险可控的条件下，积极放权；四体联运协同机制是以南方电网综合能源股份有限公司为投资主体、各地市供电公司为开发主体、能源技术公司为技术支撑主体、各地市分支机构或多经企业为运维主体的协同机制。上市方面，2020 年 4 月，南方电网综合能源股份有限公司 A 股 IPO 申请材料获证监会接收，预计实现上市指日可待。

3. 中国华能集团有限公司

中国华能集团有限公司是以电为核心、煤为基础、金融支撑、科技引领、产业协同发展的大型综合能源集团，是目前全球装机规模最大的发电企业。华能集团广泛布局市场化售电、增量配电、可再生能源业务，面向园区和大用户拓展能源一体化供应业务，探索碳资产、绿证等新兴增值业务；建立人才激励等灵活的市场化机制，设立综合能源服务基金；进军综合能源服务国际市场。

华能集团建立了投资机制、人才激励机制、"三个中心"机制。投资机制是指推进项目股权多元化，新建、扩建项目中积极引入战略投资者；人才激励机制是指对企业领导人员进行分类分层管理、推行职业经理人制度、实行市场化薪酬分配机制；"三个中心"机制是指以提升竞争力为中心、经营以客户为中心、发展以市场需求为中心。

华能南方分公司逐步打造"清洁能源布局合理，产业技术领先，能源服务多样化"的可持续发展格局。一是多渠道加快海上风电资源开发，打造基地型、规模化海上风电项目，助力广东风电相关配套产业发展。二是推动天然气、太阳能分布式能源、分散式风能、生物质能、波浪能、储能、智能微电网等项目发展，积极参与液化天然气接收站开发。三是提升综合能源服务能力，实现增量配电网零突破，探索开展"风、光、气、热互补，电、热、冷、水联供，发、购、配、售一体"的综合能源供应商服务。四是加大大数据、物联网等信息技术与综合能源服务的有效融合。**华能新加坡大士能源公司**是华能向海外开展综合能源服务的主体，通过构建"一站式整体解决方案"的综合能源服务体系，针对大型建筑物、工商业客户、居民客户提供不同类型的综合能源服务，如图 5-1 所示。**华能重庆公司**面

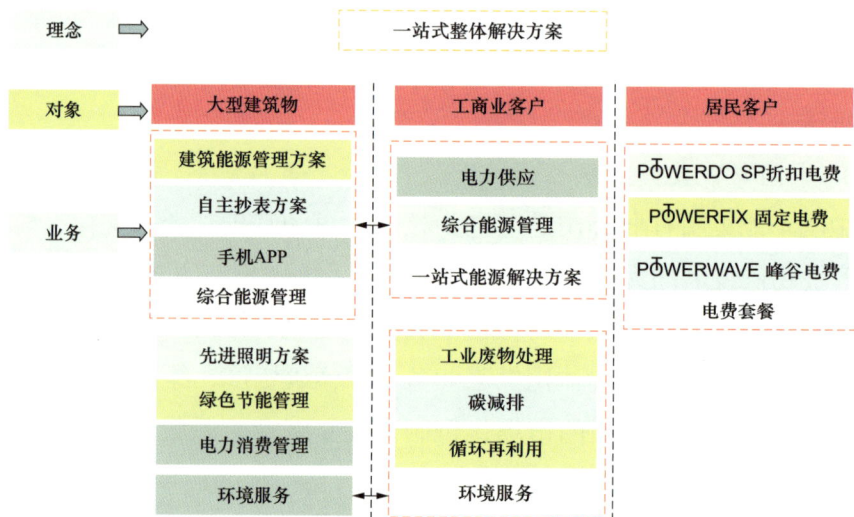

图 5-1 华能新加坡大士能源公司综合能源服务体系

向工业园区的能源销售及增值服务、配电网建设、分布式能源等业务，为用户提供电、热、冷、水等；**华能新能源公司**以风电开发与运营为核心，太阳能等可再生能源协同发展。华能资本公司创新产融协同，设立综合能源服务基金；**华能碳资产公司**开展碳资产综合管理、绿证、节能减排开发与投资等低碳相关金融服务等。

二　新兴能源企业

1. 新奥集团

新奥集团成立于 1989 年，始终以"创建现代能源体系，提高人民生活品质"为使命，已经形成了贯穿下游分销、中游贸易储运和上游生产开采的完整清洁能源产业链，以及覆盖健康、文化、旅游、置业等领域的幸福生活产品链。

新奥集团成功运营 150 余个城市燃气项目，为 300 多个园区、城市综合体提供清洁能源整体解决方案服务。新奥以城市民用、园区、交通和工商业用户为终端客户，典型项目有湖南长沙黄花机场项目、株洲神农城项目、江苏盐城亭湖医院项目等。

新奥集团紧抓国家电力改革机遇，充分借助泛能业务技术及模式经验，进入配售电业务领域。根据客户用能需求，提供电力业务咨询、工程设计建设、电力系统运维、电能销售、用能大数据、售电金融、能源托管等服务。在 17 个省市相继成立了 30 余家售电公司，在广东、广西、云南、内蒙古、山东等电改试点省份首批开展交易。

新奥集团依托系统能效理论和泛能网技术，为园区、大型公共建筑、工业企业等提供涵盖能源系统咨询规划、工程设计、分包采购、项目管理、智能运营增值服务的一体化清洁能源整体解决方案，提高综合能源利用效率，实现节能减排。通过构建泛能网，将信息网、能源网和物联网高度融合，利用不同区域网络之间的互相支持，实现能源间相互补充。新奥泛能网络科技定位为物联网公司，已在上海、杭州、长沙、青岛、石家庄、廊坊、东莞等多个城市开展泛能网解决方案，见表5-4。

机制上，新奥集团探索事业合伙人制度，建立项目跟投机制，激励一线员工加快开拓市场。 例如项目所在一线公司管理层和管理人员必须跟投，其他员工自愿跟投；根据项目及盈利情况，设置跟投分红区间。

表5-4　　　　　　　　泛能网应用方案及案例

园区解决方案	电、热、气、分布式能源统一规划，因地制宜构建园区泛能网系统	①广东肇庆新区泛能规划项目 ②中德生态园能源规划项目 ③沈阳丁香湖新城能源规划项目
建筑解决方案	根据建筑的特点，利用能源利用技术、节能技术等实现太阳能、电、水燃气的高效集成	①株洲神农城项目 ②亭湖医院项目 ③中国工程院节能科技楼 ④湖南长沙黄花机场项目
工业解决方案	利用企业的高温余热，配备多重冗余安全控制系统进行能源系统的节能改造	兴隆化工水玻璃项目

2. 协鑫新能源控股有限公司

协鑫新能源控股有限公司是协鑫集团旗下以太阳能发电为主，集开发、建设、运营于一体的新能源企业，于2014年在香港联交所上市，集中式光伏电站和分布式光伏电站两大业务并重发展。截至2018年6月底，协鑫新能源总装机容量约7139MW，居全球第二，并且已在全球持有211座电站。

协鑫新能源控股有限公司主营业务涉及电力、光伏、天然气、产业园、集成电路材料、电动汽车运营等多个领域。协鑫新能源控股有限公司依托分布式能源、六位一体微网、电力需求侧集控平台等技术优势，率先拓展增量配电网及售电业务。协鑫新能源控股有限公司以光伏等清洁能源为主要产品，打造了从硅材料到光伏装备制造、系统集成、太阳能电站建设运营的光伏一体化产业链，以及从天然气开采、液化、储运供给到发电的气

电一体化产业链，提供电网、热网、天然气管网、信息网和大数据云平台的能源综合服务。

协鑫分布式能源微网按照"六位一体"模式实施（如图 5-2 所示）。典型项目为苏州协鑫工业研究院基地。该基地是将协鑫与华港燃气、中新公用等社会资本合作共建的园区。该项目将新能源与建筑进行一体化开发，重点探索分布式光伏、分布式天然气、储能技术、LED 照明、充电桩等新能源系统在园区能源中的综合利用，并基于数据共享、信息互通、能源互联等来提升能效。目前，协鑫苏州工业园区多能互补集成优化示范工程是全国最大的天然气热电联供区域、全国最大的集中制冷中心、全国首个六位一体分布式能源系统、全国首个自有知识产权的天然气分布式能源和全国唯一的智能电网示范区。

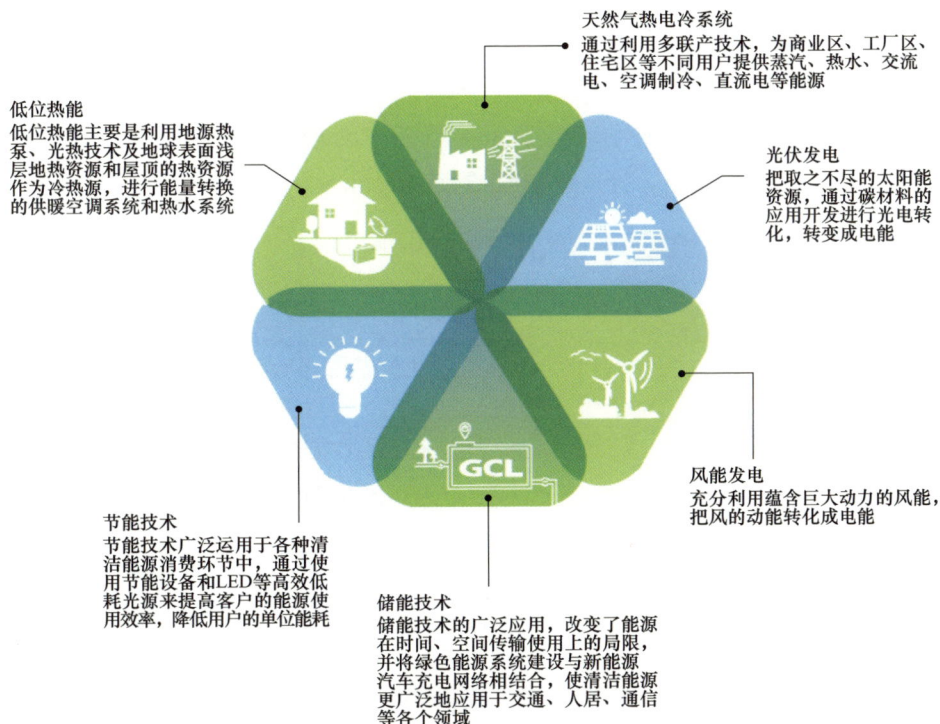

天然气热电冷系统
通过利用多联产技术，为商业区、工厂区、住宅区等不同用户提供蒸汽、热水、交流电、空调制冷、直流电等能源

光伏发电
把取之不尽的太阳能资源，通过碳材料的应用开发进行光电转化，转变成电能

低位热能
低位热能主要是利用地源热泵、光热技术及地球表面浅层地热资源和屋顶的热资源作为冷热源，进行能量转换的供暖空调系统和热水系统

风能发电
充分利用蕴含巨大动力的风能，把风的动能转化成电能

储能技术
储能技术的广泛应用，改变了能源在时间、空间传输使用上的局限，并将绿色能源系统建设与新能源汽车充电网络相结合，使清洁能源更广泛地应用于交通、人居、通信等各个领域

节能技术
节能技术广泛运用于各种清洁能源消费环节中，通过使用节能设备和LED等高效低耗光源来提高客户的能源使用效率，降低用户的单位能耗

图 5-2　协鑫"六位一体"

3. 远景能源科技有限公司

远景能源科技有限公司（简称"远景能源"）是全球领先的智慧能源技术解决方案提供商，包括智能风机的研发与销售、智慧风场管理软件服务、智慧风电技术开发、智慧风电资产管理服务、智能电网、储能电池、能源管理系统等，研发能力和技术水平已处于全球领先地位。

远景能源为了构建能源互联网生态系统，投资、收购多个高科技公司，在硅谷专门组建了全球数字能源创新中心，成立 2 亿美元互联网能源技术风险投资基金，硅谷著名投资人 Dan Ahn 担任基金的领导合伙人，负责领导远景能源在大数据、人工智能和信息安全等技术领域的投资和收购。

远景能源构建了全球的最大能源物联网平台 EnOSTM，借助物联网、云计算、大数据、人工智能等技术，开发出格林威治 Greenwich™云平台、智慧风场 Wind OS™平台、阿波罗光伏云™平台，管理着北美、欧洲、中国等的超过 2000 万 kW 的新能源资产，是目前全球最大的智慧能源资产管理服务公司，如图 5-3 所示。主要业务包括智能风机的研发与销售、智慧风场、智慧光伏电站的软件和技术服务，以物联网、云服务和大数据技术

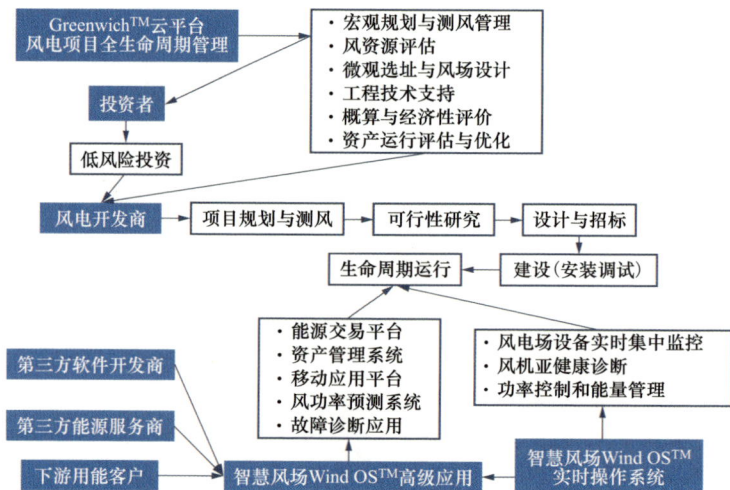

图 5-3　远景能源风电全生命周期管理平台系统

作为支撑，为客户提供大数据分析和风控服务。

三 设备制造企业

1. 深圳市科陆电子科技股份有限公司

深圳市科陆电子科技股份有限公司（简称"科陆电子"）是一家国内领先的综合能源服务商。科陆电子已基本形成了围绕以智慧能源为核心的产品链、商业运营生态圈和金融服务体系。产品主要包含智能配电一二次设备、智能用电仪器仪表设备、新能源接入设备、储能系统设备、新能源汽车充电设备、芯片设计、智能安防和智能交通监控设备、围绕新能源产品制造的工业自动化以及围绕能源服务的数据采集和软件系统。

科陆智慧能源云是科陆电子构建的"互联网＋"智慧能源的综合性服务平台，实现了互联网、物联网、能源互联网的融合。借力云技术，从"充电、车辆、用能、储能、售能"五个部分搭建了"科陆五朵云"，如图5-4所示。"充电云"实现"车＋桩＋网"联营，打造新能源汽车服务生态圈；"车辆云"将引领车辆服务大变革，打造新能源车辆运力共享平台；"储能云"绿色节能环保，提供能源高效利用；"用能云"全方位服务，打造安全、可靠、集约高效的用能企业；"售电云"紧随电改，挖掘配售电新市场。平台以"解决方案"为核心，以"服务客户"为目标，布局全产业智慧能源生态，打通智慧能源生态链，通过资源的整合与共享，提升能源的综合效率。

2. 浙江南都电源动力股份有限公司

浙江南都电源动力股份有限公司（简称"南都电源"）是国家高新技术企业，创立于1994年9月，2010年4月在A股创业板上市。南都电源面向通信及数据业务、绿色出行、智慧储能及资源再生领域，提供以先进阀控密封电池、锂离子电池、燃料电池为核心的系列化产品、系统解决方案及运营服务，业务和分支机构目前已覆盖全球150多个国家和地区的企业集团，产业布局也从通信后备电源领域，扩展至新能源储能电源、新能源动

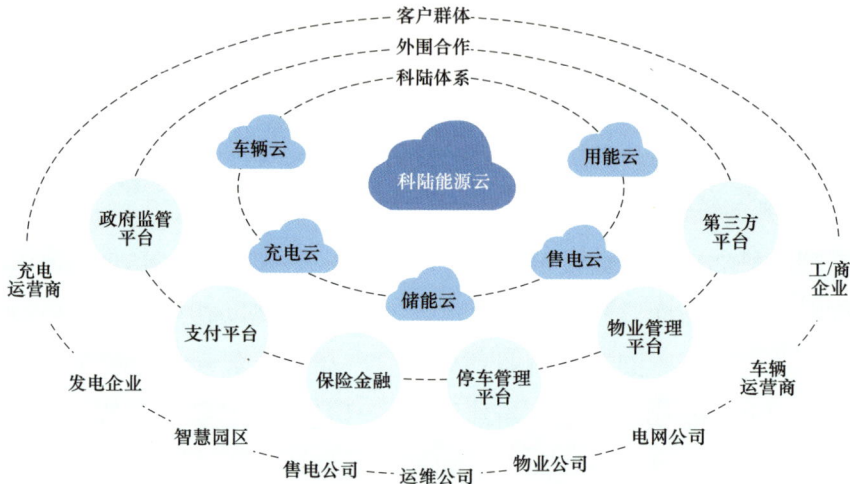

图 5-4 科陆智慧能源云业务生态

力电源、环保型资源再生及相关系统集成等领域，成为通信、储能、资源再生产业领导者，并形成了"原材料-电池制造-产品应用-运营服务-资源再生-原材料"的全封闭产业链。

南都能源储能电站的主要原理是削峰填谷，可有效地进行需求侧管理，平滑负荷，降低供电成本，提高电力系统运行的稳定性。储能电站还可吸收光伏及风力发电产生的谐波，改善电能质量，同时，也大大提高了系统的响应时间。

无锡新加坡工业园智能配电网储能电站坐落在无锡星洲工业园内，储能电站总功率为20MW，总容量为160MWh，在10kV高压侧接入，总面积12800m²，是全球目前规模最大的商业化储能电站。该项目由南都电源负责整体投资，并提供了电站的全套技术解决方案、电站建设及运营服务，实现传统能源与新能源多能互补和协同供应。储能电站投运之后，每天高峰时段可给园区提供2万kVA负载调剂能力，降低了工业园区变电站变压器的负载率，缓解了工业园区变压器的增容速度，实现能源需求侧管理，推动了能源就近清洁生产和就地消纳。

四　互联网企业

1. 阿里巴巴网络技术有限公司

阿里巴巴网络技术有限公司（简称"阿里巴巴"）作为互联网龙头企业，已经涉足综合能源服务领域，其核心概念是"阿里能源云"。

目前，阿里能源云已经运营上线，通过大数据云计算，以"厚平台、微应用"方式，快速构建节点节能、电力需求侧、电务、微网一体化、能源交易等生态化应用。阿里能源云业务主要包括：**一是构建数字化的光伏电站**，阿里巴巴通过光伏发电项目开发出光伏云平台，对项目的融资、建设、运维及开展业务提供成套的服务，如图 5-5 所示。**二是为用户提供节能服务**，通过云平台和大数据实施能效管理和用能监控，采集实时数据，运用大数据分析其客户的用能情况，进而分析市场情况，以此实现新能源市场规划、预测项目投资收益、为用户提供定制化节能方案的目的，如图 5-6 所示。**三是构建电动车分时租赁系统**，电动汽车分时租赁云平台会为电动汽车承租人提供覆盖区域广的充电汽车租赁点，使客户可以免押金享受快速查找、立即用车、精准导航等一系列服务；为平台入驻商提供海量的客户资源和多种营销方式，借助阿里的支付渠道和信用体系使用户结算更方便。**四是构建轻量级运营数据大屏**，阿里能源云平台在为新能源行业提供丰富的云端业务及技术解决方案的同时，利用大数据和云计算，为用户或者平台运营商搭建用户画像，并提供可视化的数据信息，供其选择多元化的产品方案。

2. 深圳市腾讯计算机系统有限公司

深圳市腾讯计算机系统有限公司（简称"腾讯"）成立于 1998 年 11 月，是中国最大的互联网综合服务提供商之一，也是中国服务用户最多的互联网企业之一。

2018 年 5 月，腾讯云推出"能源物联网平台"。该平台具有海量异构能源设备接入、非接触式不断电安装调试、一键扫码快速部署、虚拟设备库构建四大功能。这些功能将帮助能源企业实现一点接入、快速互联。该平台支

设备对标　透明结算　线上监测　O2O运维　项目融资　信息发布

业务集成应用

为终端用户提供电站
资产安全和效率提升

一站式结算，渠道透明
电站相关方资源整合

电网

终端用户

阿里云
aliyun.com

聚集更多企业和
政府共同参与

政府

生态圈构建

运维商　设备厂家　公益活动　光伏转让　保险/金融　EPC集成商

图 5-5　光伏云业务方案

数据采集　用能监测　用能优化　用能诊断　电力需求侧　收益分析

SaaS应用

实时采集
优化控制
智能预警

用能接入
用能托管
节能改造

线上应用支持
节能项目改造

企业用户

SaaS应用

阿里云
aliyun.com

SaaS应用

节能服务
公司

生态圈

云服务器
云防护

电气设备
买家引入

金融金服
购买设备

远期收益
分成担保

服务支付

图 5-6　节能服务云业务方案

持上千种能源设备和200多个行业协议，并支持主流标准协议的在线编辑和主流标准设备类型的动态添加，上层则采用证书或密钥认证方式保证设备安全接入。

在部署方式上，该平台采用非接触式传感器可实现不断电安装调试，在不改变已建能源通信控制系统结构的前提下，采用高智能能源网关，实现低侵入式快速接入物联平台。此外，企业可以通过扫码方式实现能源设备与云端的快速绑定、参数配置，设备安装部署周期由数天降至1h内，极大地降低了能源设备上云的难度，以最低的成本实现效率最大化。

在场景服务应用方面，该平台在智能电力运维、能效监测、智能微网、低压配电监测等多个场景都可以快速应用，在释放能源设备潜能，深挖能源数据价值上具有举足轻重的作用，如图5-7和图5-8所示。

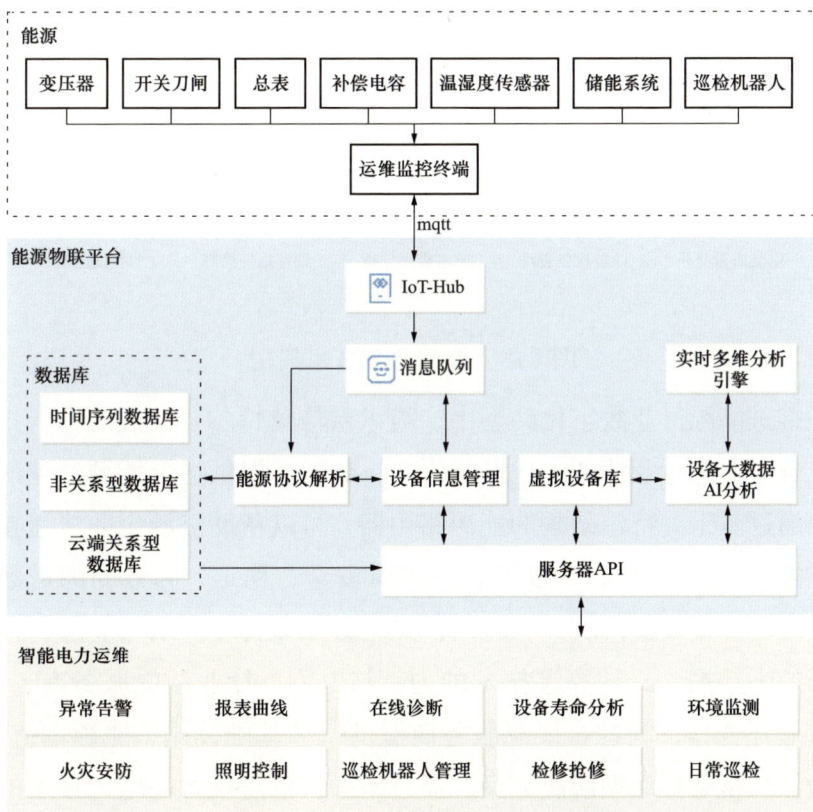

图 5-7 智能电力运维技术架构

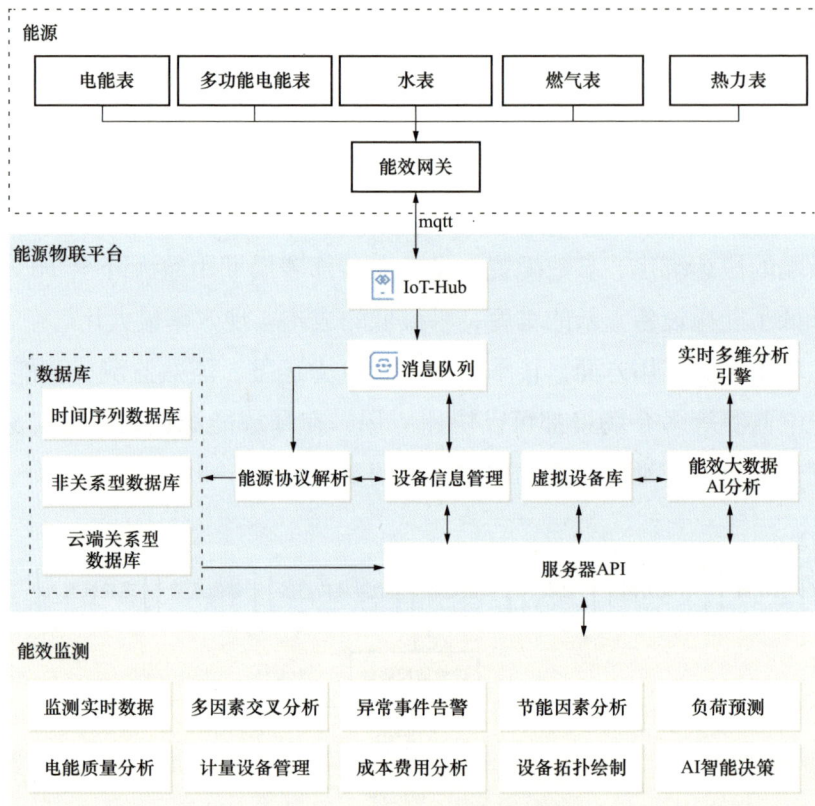

图 5-8　能效监测技术架构

在推进能源行业数字化转型中，腾讯云与英特尔、朋迈能源科技深入合作。针对能源行业的数字化升级需求，英特尔提供适合能源行业所需的技术，通过基于英特尔架构的能源路由器，可以帮助能源企业快速接入腾讯云"能源物联平台"，为能源行业提供安全、稳定、高效的海量数据采集、处理、传输设备，以实现远程、实时感知和管理。朋迈能源科技结合腾讯云的大数据、云计算等技术能力，与电网、行业领先服务商、高校、研究院展开合作，为综合能源服务商提供云端基础设施、能源增值应用、能源数据分析等升级型解决方案，通过新一代信息技术与电力技术的创新与融合，助力传统能源服务企业快速转型。

本章小结

本章分析了国内综合能源服务的发展现状，介绍了我国综合能源服务重点服务商的案例与实践。主要结论如下：

（1）国内综合能源服务处于发展初期，各综合能源服务供应商多基于自身的资源、技术优势在其主业上进行拓展延伸。从业务特点来看，主要有以电切入、以气切入、以信息平台切入三种类型。

（2）从环节上来说，综合能源服务关键业务主要包括工程设计与建设类、运营管理维护类、售能服务、咨询服务、电动汽车、绿色金融等，目前我国采用的商业模式都较为成熟。

（3）我国综合能源服务具有四个特征，一是以"打造核心价值理念，开展顶层设计、试点先行"，积极布局综合能源服务；二是受益能源体制改革，当前综合能源服务多集中于终端用能领域；三是综合能源服务业务快速迭代，市场竞争加剧，但逐步趋于理性；四是开拓综合能源服务市场，创新赋能成为获取客户的主要手段。

（4）我国综合能源服务企业包括传统能源企业、新兴能源企业、设备制造企业和互联网企业等，分别依托各自资源、技术、机制等方面的优势，拓展综合能源服务业务。

第六章　典型应用场景与成功实践案例

第一节　建筑类应用场景

　　我国建筑面积和能耗逐年增长，公共建筑能耗占比大。2018 年，我国建筑面积总量约为 601 亿 m^2，其中，公共建筑、城镇住宅、农村住宅建筑面积分别为 128、244、229 亿 m^2。建筑能源消费总量为 10 亿 t 标准煤，占全国能源消费总量的 22%。公共建筑单位面积能耗为 26.0kg 标煤 $/m^2$，显著高于城镇居住宅的 9.8kg 标煤 $/m^2$ 和农村居住宅的 9.4kg 标煤 $/m^2$（除北方采暖外）。[1]

　　我国建筑终端能耗以冷热供应为主，占 60% 以上。根据国际能源署（IEA）报告统计，我国建筑终端能耗中，供暖、供冷、热水约占 62%，照明、炊事、插座设备等其他类别约占 38%，如图 6-1 所示。我国建筑能耗随着生活水平的提高，建筑用能中的制冷、照明、家庭电器等能源需求快速增长。

　　本节选取了学校、医院、办公楼、商业综合体、交通枢纽、城镇住宅等六种典型建筑场景进行案例分析。

一　学校

　　学校能耗水平居中，教学时间负荷波动较小。2016 年我国学校建筑面

---

　　[1] 清华大学建筑节能中心发布数据。

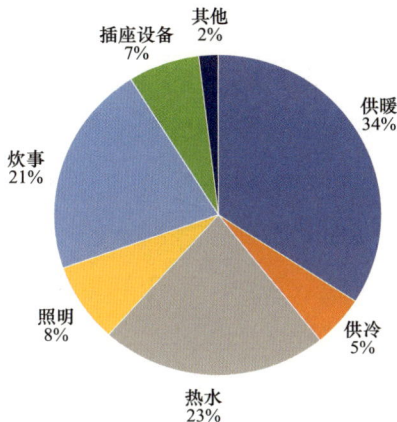

图 6-1　我国建筑终端能耗结构[2]

积累计 27.1 亿 m²，其中，高校建筑面积约 9.3 亿 m²，中小学校 17.8 亿 m²。采暖热指标设计值为 60～80W/m²❶。教学时间学校负荷波动较小，寒暑假负荷显著降低。

高校建筑能耗密度相对偏高，显著高于中小学校，是学校中的能耗大户。我国高校建设也正处于快速发展阶段，在校生人数、校舍面积、承担科研任务、配套科研设施资产等规模持续扩大，用能总量也呈现增加态势。高校建筑面积增长率 3.57%，总能耗增长率为 5.23%[3]。

典型案例——上海电力学院临港校区微电网示范项目❷

上海电力学院临港校区微电网示范项目是发展改革委、国家能源局"新能源微电网示范项目"，成为上海市唯一的全国 28 个示范项目之一，也是国内仅有的大学校园示范项目。该项目由上海电力学院与原国网节能服务有限公司合作完成。

该项目采用多能互补、能源互补的综合能源服务整体解决方案，包

---

❶　《城市供热规划规范》（GB/T 51074—2015）。

❷　国网综合能源服务集团有限公司提供。

含 10 栋公寓楼太阳能＋空气源热水系统、2061kW 光伏发电系统（包含单晶面板、多晶面板、BHPV、高效组件等多种形式）、300kW 风力发电系统、1 套混合储能系统（150kW×2h 铅炭电池、100kW×2h 磷酸铁锂电池及 100kW×10s 超级电容）、49kW 光电一体化充电站以及一体化智慧路灯系统。

智能化平台实现建筑能效管理，综合节能管理和源网荷储协调运行。全系统共有 2017 个采集计量点，"电、气、水"等的使用情况均实现数据化，而且所有数据都是分层分类计算，比如分为照明电、插座电、动力电等。如在寒暑假，系统用户管理功能可以远程监测异常电耗，若某一处发生"状况"，也可远程查明甚至关断相应电源，替代了以往勤手勤脚的传统巡查手段。此外，如比较常见的地下水管内漏现象，系统也能灵敏察觉。

该项目总投资 3502 万元，运营 20 年，收益率 5.83%，与校区主区主体同步建设，2018 年 12 月正式投入使用。实现年发电量 2452.1MWh，新能源担任 1/6 的供电任务；年供应热水 14 万 t，年节省标煤 900 余 t，减排二氧化碳 2500 余 t。

二 医院

医院能耗水平较高，终端能源形式多样，全天负荷波动较小。 2016 年医院建筑面积累计 4.6 亿 m²，年增长率为 8%。2016 年医院数量总计 29140 个[4]。医院建筑是公共建筑里功能最复杂、用能种类最全面的建筑之一，能耗强度为 90～220kWh/m²，能耗费用支出可占医院总运行费用的 10% 以上[5]。采暖热指标和空调冷负荷设计值分别为 65～80W/m²、70～110W/m²。终端用能结构中，电能和天然气占比较大，电能占终端用能比例可达 50% 以上。天然气主要用于蒸汽供应。全天医院负荷波动较小，全年负荷随季节变化。医院用能特征受医院类型（综合医院或专科医院）、医院级别（三级、二级等）、住院人数、床位数、日门诊量等因素影响。例如，综合医院建筑能耗较专科医院高，如图 6-2 所示。清华大学调研了 9 所综合医院和 12 所专科医院，其中，综合医院年平均建筑能耗约10.2kt 标准煤，专科医院仅 4.3kt 标准煤，总平均值约 6.9kt 标准煤。

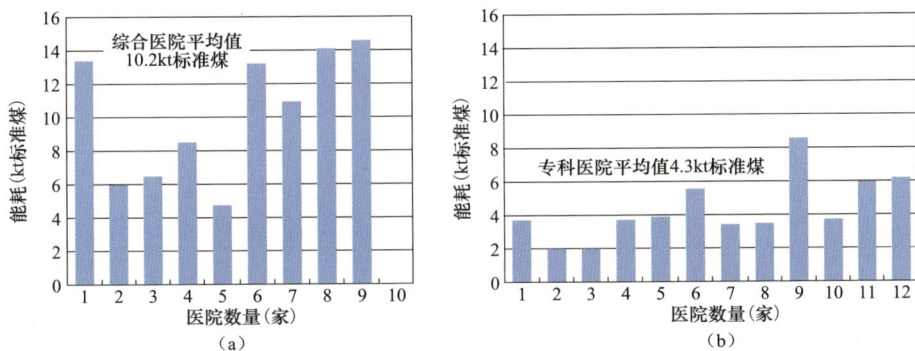

图 6-2　综合医院和专科医院建筑能耗比较

（a）综合医院；（b）专科医院

随着经济的快速发展，医院能耗水平仍将上升。许多新建医院建筑对空调、供热设备的自控管理、安保及计算机网络等诸多方面都提出了明确要求，并使医院设计有宾馆化的趋势。此外，随着医疗技术的不断进步，诊疗设备的不断更新，医院功能不断完善，医院建设标准大大提高，床均建筑面积扩大，新的功能科室增多，就医环境和工作环境人性化，舒适性改善，医院能耗还会不断上升。

医院普遍缺乏专业能源管理团队，能源托管模式具有前景。很多医院能效水平不高，能源费用负担较重，缺乏专业的能源管理和设备运维团队。在医院可推广采用能源托管，一方面医院多为全电气化设备，系统可靠性高，自动化程度高，集成度高，通过改造和管控平台搭建，能确保医院供冷、供热、供电系统的稳定运行；另一方面可有效减少医院在能源管理方面的投入，提升医院的用能效率和综合效益。

典型案例——湖南省胸科医院能源托管项目❶

湖南省胸科医院位于长沙市岳麓区。该医院原有照明系统属于传统荧光灯照明，存在能效高、温度高、汞污染、光衰高照度不达标准、寿命短、运维费用高等严重缺陷。原有中央空调设备已达到使用年限，存在耗能高、噪音大、制热制冷效果差等问题。医院用水存在用水数据不清晰、用水设施老化、用水管网漏电无法检测等问题。医院现有的 2 台天然气锅炉使用年限较长，出现燃烧不充分等问题。医院迫切需要节能改造服务。

该项目在满足医院病区、门诊、办公楼及公共区域及舒适的前提下，针对湖南省胸科医院湖南省结核病控制大楼、住院部进行综合节能改造，改造范围包括照明改造、中央空调改造、中央空调输配系统、烟气热回收、能耗监管平台等。该项目为客户更换了 4000 多盏节能型 LED 灯，进行了中央空调主机更换及水泵变频节能改造，加装了用于生活热水的锅炉烟气余热回收装置，安装了能效监测终端、搭建了平台。

本项目采用能源托管模式，托管费用每年 72 万元，9 年合同期内可收入托管费用 648 万元；医院改造前年能耗约 81 万 kWh，改造后降低为 69 万 kWh，节能率 15%；实现了经济效益和节能环保效益。

三 办公楼

办公楼建筑面积在公共建筑中占比最大，但能耗水平相对较低。 2016 年我国办公楼建筑面积累计 43.1 亿 m²，年增长率为 5.72%，约占公共建筑总面积的 36%。能耗强度一般为 50~100kWh/m²，如图 6-3 所示[5]。采

---

❶ 国网湖南省电力有限公司提供。

暖热指标和空调暖负荷设计值分别为 $60\sim80\,\text{W}/\text{m}^2$、$80\sim110\,\text{W}/\text{m}^2$❶，政府办公楼能耗略低于非政府办公楼。工作时间办公楼负荷波动较小，节假日负荷显著降低，全年办公楼负荷需求随季节变化。办公建筑能耗个体化差异很大，办公建设能源消耗大部分为电力，其中，空调、照明和动力设备为主要耗能设备，占建筑能源的80%左右，空调系统占35%以上。

图 6-3　典型地区办公楼能耗强度

典型案例——北辰商务中心办公大楼综合能源示范工程❷

北辰商务中心办公大楼综合能源示范工程是天津唯一的国家级产城融合示范区。作为这一示范工程的主要建筑——北辰商务中心大楼，是北辰经济技术开发区管委会所在地，同时也有部分园区企业进驻。居民负荷和工商业负荷的互补性为能源供应和灵活调配提供了便利。该示范工程由国网天津市电力公司城东供电分公司负责规划、设计。

该项目于 2016 年 11 月动工，2017 年 5 月投入运行，目前运行良好，示范作用显著。重点包括六项内容：一是利用商务中心屋顶、车棚建设

---

❶　《城市供热规划规范》（GB/T 51074—2015）。

❷　国网天津市电力公司提供。

总容量为 286.2kW 的光伏发电系统；二是利用湖岸建设 7 台 5kW 风机风力发电系统；三是利用一套容量为 50Ah 的磷酸铁锂电池储能单元，打造风光储一体化系统；四是利用 3 台地源热泵机组建设供冷供热系统；五是在大楼两侧构建电动汽车充电桩系统，并同步开展"津 e 行"电动汽车分时租赁业务；六是搭建综合能源智慧管控平台，统筹商务中心能源生产、储存、配置及利用四个环节的能源监测、控制、调度和分析功能，促进清洁能源即插即用、友好接入，实现多种能源互联互补、协同调控、优化运行。

利用综合能源智慧管控平台可以实时监测控制各产能系统的出力，可实现三种形式的能源互动：第一种是储能系统与光伏发电系统互动，利用储能系统来平滑光伏出力；第二种是储能系统与电网互动，实现削峰填谷，利用夜间低谷电蓄能，在白天用电高峰时为商务中心供能，不仅可以转移用电高峰负荷，提高电网运行的经济性，还能通过峰谷电价差为用户节省一笔电费支出；第三种是商务中心温度趋优控制。利用综合能源智慧管控平台实时监测大楼房间的温度变化，调节地源热泵冷热出力，实现办公环境舒适度和节能降耗的最优平衡。

该项目能效比约为 2.4，综合能源利用效率提升 19%，新能源系统、储能系统、地源热泵以及综合能源管控平台的智能控制成效明显。6 月 28 日当天，可再生能源发电量占比约为 37%（地热能 29%、太阳能 8%、风能 0%），其余来自市政电力。截至 2018 年 6 月底，该系统总发电量约为 430 万 kWh，其中使用新能源发电 30.5 万 kWh，其余全部来自市政电力，新能源电量占比已达 7%，见表 6-1。

从经济效益来看，该项目共投资约 1000 万元，政府提供 240 余万元补贴，投资回收期预计不到 7 年。

表 6-1	五大系统的经济效益情况
系统名称	经济效益情况
光伏发电系统	2017 年 5 月 8 日投运，截至 2018 年 6 月底，光伏总发电量 282869kWh，其中上网电量 3360kWh、自发自用电量 279509kWh，总节约费用约 37.16 万元
风力发电系统	2017 年 9 月 30 日投运，截至 2018 年 6 月底，发电量约 69156kWh，节能费用约 6.08 万元
储能系统	2017 年 5 月 8 日投运，截至 2018 年 6 月底，节能费用约 1.53 万元
地源热泵供热（冷）系统	2017 年 5 月 8 日投运，截至 2018 年 6 月底，地源热泵利用地热能为商务中心供冷供热，较传统的供冷、供热运行费用，节约运行费用约 54.56 万元
电动汽车充电桩系统	自 2017 年 5 月 8 日投运，截至 2018 年 6 月底，节能量为 208 万 kWh，节能费用为 141.06 万元，减少温室气体 CO_2 排放量 2073.1t

四　商业综合体

酒店能耗水平高，全天负荷波动较小。 2016 年酒店建筑面积累计 4.9 亿 m^2。2015 年星级酒店数量共计 12327 个[6]。每平方米面积的平均年耗电量为 150kWh。采暖热指标和空调冷负荷设计值分别为 60~70W/m^2、70~120W/$m^2$❶。整体用能以电为主。全天酒店负荷波动较小，全年负荷随季节变化，每天 24h 全天运行，无节假日，全年营业，星级酒店室内温度多控制在 22~23℃，多数酒店的用电高峰期在 7~8 月。用能包括电、天然气、煤气、燃油、燃煤等。电力是最主要的耗能形式，主要用于空调设备、照明设备、办公设备、洗涤设备等。天然气、燃油等其他燃料主要用于供暖、热水和炊事等。

---

❶ 《城市供热规划规范》（GB/T 51074—2015）。

商场能耗水平最高，日负荷时间长。2016 年我国商场建筑总面积约为 21.7 亿 m^2。商场在公共建筑中能耗强度最大，能耗强度高达 131～209kWh/m^2[5]。采暖热指标和空调冷负荷设计值分别为 65～80W/m^2、125～180W/$m^2$❶。商场建筑与其他建筑相比，有空间大、综合性强、室内布置多变、人员密度大的特点。不同大型商场的用电量之间差异很大，电耗高的商场用电量是电耗低的商场的近两倍。大型商场全年开发，每日的营业时间基本为 9：00～22：00，每天多达 12h 以上，空调运行时间较其他公共建筑长，日负荷时间长。全年商场负荷随季节变化。某商场建筑用能结构如图 6-4 所示。

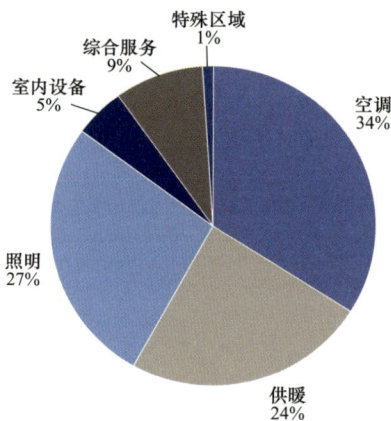

图 6-4　某商场建筑用能结构[7]

典型案例——雄安市民服务中心综合能源系统示范项目

被誉为"雄安城建第一标"的雄安市民服务中心是一个集商业、酒店、企业办公、行政办公为一体的园区，承担着雄安新区规划展示、政务服务、会议举办、企业办公等多项功能。中国节能环保集团有限公司与国家电网公司、达实智能等组成联合体，按照"世界眼光、国际标准、

---

❶ 《城镇供热管网设计规范》《民用建筑供暖通风与空气调节设计规范》（GB 50736—2012）。

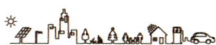

中国特色、高点定位"的雄安建设要求，提出了"能源供应＋环境治理"的综合解决方案，为雄安市民服务中心提供了清洁、高效、经济的供暖、供冷、供热水一体化服务，为雄安新区综合能源供应探索了全新的解决路径。

雄安市民服务中心综合能源系统，由能源供应系统和生活污水处理系统两大系统组成。能源供应系统，遵循"成熟技术＋系统创新"的设计理念，实现了安全、绿色、清洁、高效的供能目标。一是根据土壤冬暖夏凉的特点，通过1510根、深120m、总长超过25000m的地埋管，从土壤中提取浅层地温能，为整个园区提供70%～75%的供能来源。二是根据生活污水冬夏两季与环境温度差大的特点，从园区每天产生的生活污水中提取能量，作为辅助供能来源，可提供市民服务中心5%～7%的能量来源。三是根据河北地区昼夜峰谷电价差大的特点，通过设置1500m³的蓄能水池进行储能调节，夜间蓄能、白天释能，冬季蓄热、夏季蓄冷，可以减少电费支出30%～40%。四是在夏季通过回收空调循环水中的热量，变废为宝，为整个园区免费制备生活热水。

基于物联网感知技术，雄安市民服务中心可以做到对园区冷、热、电等综合能源的全景监测，为精细化的能源管理建立了数据基础。基于全景数据，雄安市民服务中心采取暖冷热一体化供应系统，灵活采用"浅层地温能＋再生水源＋冷热双蓄"模式，以浅层地温能作为冬季供暖、夏季供冷的替代能源，并组合利用雨污水低温热能系统及夜间蓄暖蓄冷的双蓄能系统，大大提高了雄安市民服务中心能源利用效率。

与单纯使用电能、电能＋天然气、电能＋地热等供能方案相比，该技术方案在经济效益、环境效益等方面具有明显的优势。与单独使用电能的供能方案相比，在初始投资基本相当的情况下，运行费用大幅降低，冬季用电量降低三分之二，夏季用电量降低三分之一，节约能源折合标煤超过600t，减少二氧化碳排放约1510t。

五 交通枢纽

交通枢纽能耗水平较高，冷热需求时空差异性大。交通枢纽主要是指机场航站楼、高铁站等。2016 年我国颁证运输机场共 218 座，高铁站共 516 座。交通枢纽建筑跨度大、高度高，冷热需求空间差异性大，近地面空间存在较大空调需求。全天交通枢纽负荷波动较小，全年负荷随季节变化。

以机场航站楼为例。大型机场航站楼面积可达 30 万～60 万 m^2，中型机场航站楼面积可达几万到十万 m^2，小型机场航站楼面积达几千 m^2。机场航站楼能耗相对较大，平均电耗约为 177kWh/$m^{2[5]}$。航站楼建筑跨度大、高度高，超过 10m，较大面积的透明围护结构使得航站楼地板表面太阳辐射强，围护结构壁面温度高，仅近地面高度的空间存在空调需求，且不同区域、不同末端存在一定差异。一年内，航站楼对热量、冷量的需求随季节的波动性较大，电力需求全年基本稳定。一日内，能源需求量的比例也会发生较大波动，以夏季典型日（2016 年 7 月 15 日）和某个冬季典型日（2016 年 12 月 23 日）为例，其需求电量、冷量、热量逐时变化以及冷电比、热电比如图 6-5 所示。

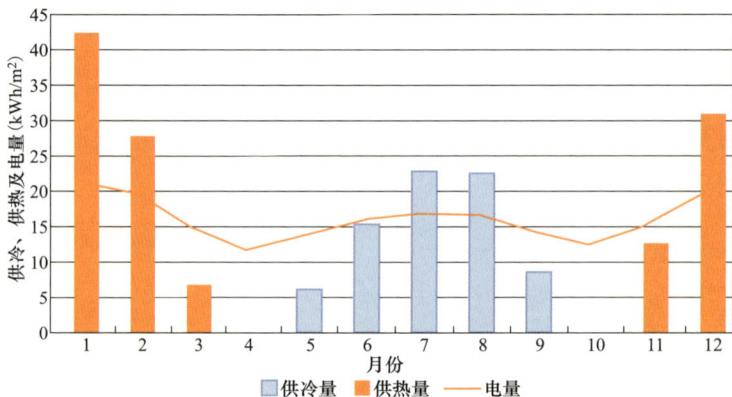

图 6-5 某机场冷、热、电用量

典型案例——北京大兴国际机场综合能源示范项目

北京大兴国际机场是国家重点工程，定位为"综合性大型国际枢纽机场"，建成后将被打造成世界一流机场。北京大兴国际机场被英国《卫报》评选为"新世纪七大奇迹"中的榜首，是全球最大的单体隔震建筑，且拥有世界规模最大的单体机场航站楼。该机场投资达 800 亿元，总用地面积 68km²，规划跑道 6 条，旅客吞吐量 1 亿人次，一期总用地面积 27km²，规划跑道 4 条，旅客吞吐量 4500 万人次。

北京大兴国际机场通过机场可再生能源发电，可再生能源供冷、供热，以及与外部可再生能源交易，实现北京大兴国际机场绿色能源消费比例达到 50％以上，实现 100％ "零碳"恒温供冷供热体验，如图 6-6 所示。

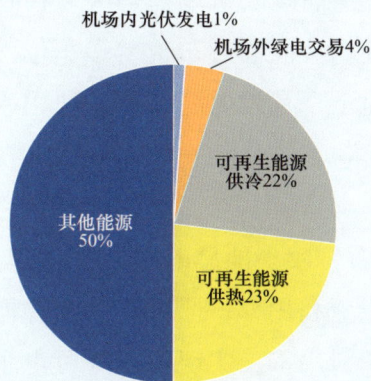

图 6-6　可再生能源供能比例

（1）光伏电站建设。

在机场飞行区北跑道和东航、南航基地建设分布式光伏电站，装机总容量为 8.96MW，光伏发电经过升压站接入航站楼 10kV 配电室的高压侧，实现可再生能源发电全部自发自用。同时，光伏板采用国内最先进技术，反光率低于水泥地面，防止飞行员视线不被干扰；并且采用易折支架，防止飞机意外冲出跑道造成的危险。

(2) 充电桩建设。

北京大兴国际机场示范区内投资建设电动汽车充电设施 680 台，通过车联网服务平台，为车主提供"找桩充电"服务，全面满足区域内电动汽车有序绿色出行需求。同时，在东航、南航宿舍区落地建成北京地区第一批有序控制充电桩，共计 150 台，为车主提供"有序充电"服务。

该机场通过车联网接入服务平台的充电设施运行信息，实时发布充电桩位置、充电情况等数据，为车主提供"找桩充电"精准互动服务。通过安装能源路由器和能源控制器全面感知配变负荷变化趋势，动态调整充电时间和功率，优化台区配变负荷实现削峰填谷，利用峰谷价差引导车主进行有序充电，从而解决机场宿舍区内在晚上集中充电、负载率高的问题，所有充电桩均按照邻近车位"多车位一桩"方式建设，在限制充电桩总功率的前提下，有效提高充电桩利用率，节省配变增容与充电设施建设投资，满足电动汽车有序充电需求。

(3) 储能建设。

配置储冷/储热装置，实现能源的时空转移与多能间转移，避免冷/热等能源浪费、提高能源利用率；通过将电能转换成冷热，实现电力负荷削峰填谷、提高设备利用率，实现风光等可再生能源消纳、提高可再生能源利用率。

(4) 智慧能源综合服务平台建设。

大兴国际机场综合能源项目建设中，广泛采用先进的智能终端，引入先进的 AR 技术，通过 BIM、3DMAX 等三维可视化手段，实现能源设备与环境信息的广泛感知和可视化运维。

通过建设智慧能源综合服务平台，统一整合电网侧营配调信息系统，机场侧电网调度监控和运营控制系统以及客户侧智慧能源管家等系统的数据和业务，实现机场区域 2 座 110kV 变电站、58 座开闭站（分界室）、45 座用户配电室，以及充电桩、光伏电站等终端泛在物联和信息立体监测，发挥大数据平台规模化集聚效应，如图 6-7 所示。

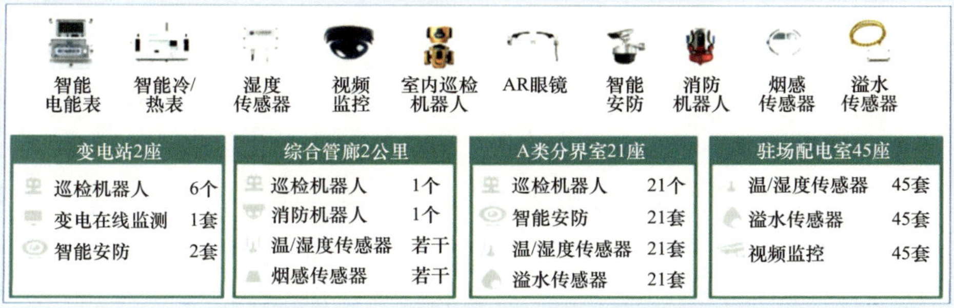

图 6-7　智能终端及配置规模

六　城镇住宅

城镇住宅能耗水平低，对舒适度要求高。2016 年，我国城镇住宅面积为 231 亿 m²，总用电量为 4579 亿 kWh。城镇住宅（不含北方供暖地区）能耗强度一般为 29kWh/m²，北方城镇供暖能耗强度约为 44kWh/m²[5]。低层住宅和多高层住宅的采暖热指标设计值分别为 63～75W/m²、58～64W/m²。从能源结构上看，城镇住宅所消耗的能源主要是电和天然气。电能消耗主要是居民生活用电，用于通风、空调、照明、家用电器等；天然气消耗主要为炊事。早晚为负荷高峰，晚上负荷大。全年城镇住宅负荷随季节变化。随着生活水平的提高，家庭拥有的家用电器数量越来越多，居民对室内环境及舒适性也提出了更高的要求，采暖区域从北向南逐渐扩大，城镇住宅能耗水平正逐步提升。

典型案例——徐州民健园社区电采暖示范项目❶

徐州是江苏唯一的集中采暖地区，全市市区共有 1300 个居民小区，房屋建筑面积 6792 万 m^2，其中有 250 家居民小区为城市集中供热小区，集中供热率为 30.7%。全市老旧小区仍采用散烧煤供暖，存在环境污染严重、安全隐患高、燃烧效率低等问题，需使用清洁能源设备予以替代。

本项目使用 12MW 高压电极式锅炉替代原散烧煤热风炉，采用先进的瑞典分布式供热系统，供热站建设面积 244.28m^2，采用 12MW 电极热水锅炉系统和 DN250 供热管道，以蓄热罐形式保证 24h 清洁供暖，即在夜间低谷电时段（当日 24：00～次日 08：00）采用"边蓄边供"的形式供暖，在白天用电高峰时段（次日 08：00～24：00）采用蓄热罐给小区供暖。新铺设供热管道 1500m，供热面积 20 万 m^2。

本项目总投资约 2520 万元，其中政府对小区内管网建设补助约 600 万元，设备年替代电量达 630 万 kWh，年减少二氧化碳排放约 3200t，惠及居民 3266 户。

第二节　工业企业类应用场景

工业企业用能量大，节能改造和余热余气余压利用潜力较大。工业企业是耗能大户，工业用能约占我国终端能源消费的 70%，以煤、焦炭和电力为主。随着节能减排力度的加大，近年来工业能源消费结构呈现清洁化特征，

---

❶ 国网江苏省电力有限公司提供。

同时，据专家推测，钢铁、石油与化工、水泥、煤炭等高耗能行业可回收利用的余热资源约为消耗能源总量的 10%～40%，因此面向工业企业开展节能改造、余热余气余压利用，具有较大的综合能源服务市场空间。但工业企业综合能源项目对专业性较强，投资较大，进入门槛较高。本节选取了钢铁工业、食品加工工业、数据中心三类工业场景典型案例进行分析。

典型案例 1——常州中天钢铁综合能源服务项目❶

中天钢铁集团有限公司位于江苏省常州市，成立于 2001 年 9 月，历经十七年跨越发展，已成为年产钢能力达到 1100 万 t、营业收入超 1000 亿元，业务涵盖现代物流、国际贸易、酒店、教育、体育等多元板块的国家特大型钢铁联合企业，是工业和信息化部公示符合《钢铁行业规范条件》企业之一。2017 年，中天钢铁集团铁、钢、材产量首次全面突破"三个一千万吨"，实现营业收入 1220 亿元。中天钢铁集团拥有 1250m³ 高炉 2 座、1000m³ 高炉 1 座、850m³ 高炉 2 座、660m³ 高炉 1 座、550m³ 高炉 2 座、510m³ 高炉 2 座，120t 转炉 3 座、80t 转炉 2 座、65t 转炉 1 座、45t 转炉 2 座、90t 电炉 1 座。

通过各工序吨钢能耗进行分析，炼铁是能耗最高工序，约占吨钢能耗的 53% 左右，是开展综合能源服务业务的重点关注点，见表 6-2。

表 6-2　　中天钢铁集团江苏某钢厂的工序能耗

重点耗能环节	主要设备	总功率（万 kW）
烧结系统	贮存风机	3
高炉炼铁	鼓风机、水泵	14
转炉加工	制氧机	5～10
精炼炉提炼	鼓风机	13

❶ 国网江苏省综合能源服务有限公司提供。

续表

重点耗能环节	主要设备	总功率（万 kW）
轧钢铸模	轧钢机	9
电弧炉炼铁	电弧炉	9
其他辅助设备	电动机	7
总　　计		60～65

（1）烧结余热回收。

中天钢铁集团烧结分厂南区现有 $2\times180m^2$ 烧结机以及 $1\times550m^2$ 烧结机，其环冷系统已回收余热建设了一套 25MW 发电机组，但实际发电负荷只有 10～13MW，出力严重不足。此外，烧结大烟道中仍有大量的中低温废气未进行回收利用，可通过回收该部分余热进行发电，增加汽轮机出力，增大发电量。

项目对中天钢铁集团烧结分厂南区原有烧结余热利用系统进行节能改造，充分回收烧结机生产过程中所产生的大量中低温废气，并入现有的 25MW 发电系统。项目建成后年新增供汽量 19.25 万 t，新增机组发电量 2160 万 kWh，按与中天钢铁集团约定的结算蒸汽单价 200 元/t（含税）计算，年可节省能源费用 3850 万元，节约标准煤 17648.7t，相应减少 CO_2 排放 44001.6t。国网江苏省综合能源服务有限公司全额投资 3330 万元，采用合同能源管理方式分享节能收益，合同期两年，合计分享 6160 万元，经济效益十分显著，节能减排贡献突出。

（2）高炉煤气余热发电。

原有生产系统高炉、转炉产生的煤气与消耗本已平衡，但钢企通过对轧钢线进行免加热改造和淘汰四座石灰窑等生产工艺改造后，产生富余高炉煤气量高达 25 万 Nm^3/h 左右。

利用富余的高炉煤气，新增一台 240t/h 纯燃高炉煤气锅炉和一台 60MW 抽凝汽轮发电机组，配套建设发电系统所需的化水系统等附属系

统和辅助设施。

项目总投资 1.733 亿元，建设期 6 个月，设计平均年发电量 3.6 亿 kWh，按厂用电率 10% 计，年可实现节电量 3.24 亿 kWh，年节约标准煤 10.7 万 t，按网供平均电价计，年可实现节电效益 22680 万元，相应减少温室气体（CO_2）的排放量为 26.7 万 t。

(3) 高效风机水泵改造。

传统的钢厂加热炉空气预热采用列管式换热结构，积灰现象严重，换热效率大幅度下降，所回收的热量越来越少，烟气侧出口温度越来越高，下游的煤预器煤气出口温度超高温报警时常发生。钢坯在加热炉内高温加热时，其表面金属容易与加热炉炉气中的 O_2，CO_2，H_2O 和 SO_2 等发生氧化反应，从而使钢坯表面生成氧化皮，造成氧化烧损。

通过现场实测风机水泵运行参数，获取项目设计目标；借助三元流体理论和计算机仿真技术，定制化设计风机水泵；通过提升风机水泵自身性能，降低无效损耗，实现节能效果。

项目采用了三种新技术：①加热炉高效空气预热技术：采用新型的波纹板式换热器替代原有的列管式换热器，减小烟气侧阻力，流道通畅，不易积灰，在同样的空间内，可大幅度增加换热面积，同时增加连续振荡吹灰器减少积灰，提升了传热效率。②预混射流式钢包烘烤器：单个钢包烘烤器投资约 30 万元，每小时可节约煤气 346m³，约 138 元（煤气价格按 0.4 元/Nm³ 计），投资回收期约 4 个月。③炼钢双气氛精确控制技术：针对各不同钢坯种类，分别进行计算机建模，并精确控制炉内各区域的"空燃比"。

典型案例 2——宿迁益客食品能源综合利用项目

国内规模化的家禽屠宰及肉制品加工企业基本采用煤锅炉提供热源，部分采用天然气及管道气供热。随着环保压力越来越大，越来越多的企业改用天然气、管道气后，能源成本明显增加，且供气不够稳定，价格波动大，对企业正常生产带来较大影响。企业迫切需要能够解决热源供应根本问题的新技术、新能源。

江苏益客集团是国内大型家禽屠宰企业，是世界第二大肉鸭供应企业，中国肉禽供应企业前三甲，也是肯德基、麦当劳等知名企业主要供应商之一，年销售额超百亿元。该集团以往采用燃煤锅炉或管道蒸汽加热生产用水，用于家禽屠宰和产品加工。

国网宿迁供电公司、国网江苏综合能源服务有限公司、江苏益客集团食品有限公司联合对江苏益客集团旗下的宿迁二厂屠宰加工实施电能替代改造，针对家禽屠宰及肉制品加工企业生产特性，采用"余热回收＋电螺杆热泵"生产工艺热水方案，回收冷库制冷系统冷凝排热，利用谷电价格优势，辅以高效的热泵和智能化控制系统，实现水、电、气、冷、热的综合利用。

该项目每年为企业节省能源费用约 100 万元，为公司增加售电量约 200 万 kWh。项目由综合能源服务公司采用合同能源管理模式投资 270 万元，4 年分享期可获得利润约 90 万元❶。企业不仅实现了零投资高回报，又解决了环保和热源供应问题，真正实现了减负。该项目成为江苏省首个合同能源管理电能替代项目，也是全国家禽屠宰行业首个电能替代项目。

典型案例 3——广州超级计算中心天然气分布式能源站项目

近年来，互联网、人工智能、物联网等信息技术产业飞速发展，数据中心作为信息产业的基础支撑，建设速度不断加快，规模不断增大。2016 年中国数据中心保有量约为 5.6 万个，总耗电量超过 1200 亿 kWh。电力是数据中心的主要能源，数据中心几乎所有的电力供应均来自公用

---

❶　国网江苏省电力有限公司提供。

电网。能源消耗主要体现在两方面：一是电力，二是制冷。电制冷设备可消除机架散热量、保证机房正常运行，需全天24h制冷运行。空调系统耗电量约占整个机房用电量的30%～40%，单机柜功耗3～6kW/柜。目前新建数据中心的电源使用效率（PUE）❶ 低于1.5。

广州超级计算中心天然气分布式能源站项目是广东省重点能源项目，为广州超级计算中心配套建设，建设于大学城外环路外侧，距离广州超级计算中心大约300m，占地4788m²，主体全部建设于地下，地上布置集控室、消防出口和烟囱。该项目以天然气为燃料，规划安装4台4300kW的燃气内燃发电机进行发电，目前一期工程已建成投产2台机组，发电后的高温烟气和高温热水进入4台4117kW的溴化锂制冷机进行制冷，实现冷电联供。

该项目由中国南方电网有限责任公司投建，是国内较早建成的地下室布置的分布式能源项目，也是国内首个配套脱硝设备的分布式能源项目。项目投运后，有效提高超级计算中心能源供应的可靠性、缓解电网压力，能源利用效率超过70%，具有良好的环保效应和社会效益。

第三节　园区类应用场景

园区用能量大，根据园区产业特征，可采用以电为中心或以气为中心，

---

❶　PUE（Power Usage Effectiveness）是评价数据中心能源效率的指标，PUE＝数据中心总能耗/IT设备能耗，其值越接近，表明IT设备耗能越少，即能效水平越好。

进行能源一体化供应。新建园区综合能源系统需要一体化的规划设计、建设施工和运营管理。规划设计阶段需要考虑新能源和传统能源的互补、分布式与集中式的匹配，以及源网荷储协调互动；运营管理需要精准计量，并运用能源管控平台实现管理效率提升。存量改造园区多以加装新能源设施、能源管控平台等实现能效提升和环保达标。本节选取了以商用、娱乐、高端产业、传统工业 4 个特征鲜明的园区场景进行案例分析。

典型案例 1——国网客服中心北方园区❶

国网客服中心北方园区以电能为唯一外部能源，依托绿色复合能源网运行调控平台，实现对园区冷、热、电、热水的综合分析、统一调度和优化管理，是国内率先以电为中心、灵活接纳多种能源形式的综合能源供应系统。

绿色复合能源网运行调控平台涵盖光伏发电系统、储能微网系统、太阳能空调系统、太阳能热水、冰蓄冷系统、地源热泵系统、蓄热式电锅炉系统七个子系统。一是光伏发电系统，总容量为 813kW，其中在 8 栋楼的屋顶安装装机容量为 785kW 的多晶硅光伏组件，屋顶及连廊南立面安装了装机容量为 28kW 的薄膜光伏。二是储能微网系统，由 50kW×4h 铅酸电池储能、48kW 光伏发电及 40kW 照明组成。三是太阳能空调系统，可以供冷、供暖以及提供生活热水，屋顶铺设 630m² 槽式集热器，夏季供冷时，由高温导热油驱动溴化锂吸收式冷水机组制备冷冻水；冬季供热时，通过油—水换热器进行热交换产生空调热水；配置两台总制冷量为 1060kW 的风冷冷水机组及 3 台总输入功率为 57kW 的空气源热泵作为后备冷热源。四是太阳能热水，利用太阳能集热器制备生活热水，蓄热式电锅炉作为热水补充。五是冰蓄冷系统，与地源热泵和基载制冷机组配合夏季为园区供冷。六是 3 台地源热泵系统，与冰蓄冷和基载制

---

❶ 国网天津市电力公司提供。

冷机组配合供冷，与蓄热式电锅炉配合供暖。七是 4 台蓄热式电锅炉系统，与地源热泵配合供暖，同时作为太阳能热水的补充热源。

该项目已投运四年，运行效果良好，经济和环境效益初显成效。按 2016 年国网客服中心北方园区能源系统试运行数据计算，与常规能源供给系统相比，北方园区每年累计节约电量约 1100.2 万 kWh，年节约电费共计 987.7 万元，减排二氧化碳约 10000t、二氧化硫约 73t、氮氧化物约 40t。其中，地源热泵系统效益最为明显，占比为 53%；光伏发电系统、运行调控平台、太阳能热水系统节省费用分别占 16%、11% 和 9%；太阳能空调系统、冰蓄冷系统和蓄热式电锅炉分别占 5%、5% 和 1%。

典型案例 2——上海迪士尼乐园综合能源项目

上海迪士尼乐园是全球首座应用天然气分布式冷热电联供技术的迪士尼乐园，天然气多联供能源站为园区同时提供冷、热、电、生活热水、压缩空气等。

上海迪士尼乐园"多联供"能源站配有 5 台燃气内燃机发电机组和 5 台烟气热水型溴化锂吸收式冷热水机组。目前，该分布式能源中心项目整体能源综合利用率可达到 85.9%。

烟气热水型溴化锂吸收式冷热水机组由双良节能系统股份有限公司研制，该设备是高效环保型大温差机组，与燃气内燃机发电机组一对一配置，可以对发电机组排放的高温烟气和高温冷却水进行有效利用。制冷运行时可将冷水温度从 15.6℃降至 6℃，供热运行时可将热水从 65.5℃升至 90℃，为整个乐园区供冷、供热，将能源利用率再提高 40.5%，实现能源梯级利用和高效利用。

分布式能源站配置了两只大型储存罐，用以储蓄能量，调节用能波峰波谷。在夜间运行时，分布式供能系统制取冷水、热水存储到储存罐中，白天再向乐园供冷、供热，大幅提高了分布式供能系统的运行小时数，提高了绿色能源利用率。

上海迪士尼乐园"能源站"已成为中国清洁高效利用能源的低碳节能样板，并获得了由中国能源研究会、中国可再生能源学会等联合授予的"中国分布式能源优秀项目特等奖"。通过天然气清洁能源的高效梯级利用，既满足了上海国际旅游度假区核心区域内所有能源需求，每年还可以节省21883t标准煤，减排二氧化碳量75542t。

典型案例3——青岛中德生态园多能互补综合能源示范工程❶

青岛西海岸新区是国务院批准的第9个国家级新区，处于山东半岛蓝色经济区和环渤海经济圈内，未来将成为我国海洋经济国际合作先导区、陆海统筹发展试验区。该多能互补综合能源示范工程位于青岛西海岸新区中德生态园高端产业区块，为华大基因、正大制药、海尔工业智能研究院、中小企业加速器、赛尔生物医药等提供冷、热、电等能源。

该系统集成了400kW天然气冷热电三联供系统（CCHP）、588kW地源/空气源热泵、680kW蓄冷/热设备、684kWp分布式光伏等。冷热电三联供系统能源综合利用效率为84%，可再生能源利用占比50%以上，与传统供能方式相比，可节能30%～40%，可同时发电、采暖（制冷）和提供生活热水。

该项目应用多能互补综合能源系统协同优化规划技术、智能调控技术、全自主供电技术、能效评估及提升技术以及储能系统动态成组技术，开发分布式电源控制系统即插即用技术、自治调控技术，开发可面向省域的综合能源调控云平台，实现综合能源效率最大、冷热电负荷就地平衡调节、综合能源高可靠供给以及供能的经济合理，将风、光、气、储、

---

❶ 国网山东省电力公司提供。

地热等多种分布式能源以信息网及电/热力网络的方式进行高效互联，资源互补优化调度。

　　该项目可减少园区内企业用能费用，减少企业供能设备建设成本和管理人员的配置，减少日常管理费用和设备维修费用，预计降低周边企业日常能源消耗费用30%～40%，具有良好的经济效益。同时，该项目可实现每年节约标煤量为1927t，年减排二氧化碳3167t、氮氧化物72t、二氧化硫145t、烟（粉）尘1310t。

本章小结

　　本章系统分析了综合能源服务的建筑类、工业企业类、园区类应用场景特征，梳理了典型实践案例。主要结论如下：

　　（1）学校能耗水平居中，教学时间负荷波动较小。我国高校建设也正处于快速发展阶段，在校生人数、校舍面积、承担科研任务、配套科研设施资产等规模持续扩大，用能总量也呈现增加态势。以能源托管模型面向学校开展综合能源服务具有广阔前景。

　　（2）医院能耗水平较高，终端能源形式多样，全天负荷波动较小。随着经济的快速发展，医院能耗水平仍将上升。医院普遍缺乏专业能源管理团队，能源托管模式具有前景，能确保医院供冷、供热、供电系统的稳定运行，提升医院的用能效率和综合效益。

　　（3）办公楼建筑面积在公共建筑中占比最大，但能耗水平相对较低，个体化差异很大，能源消耗以电力为主，可开展以电为中心的综合能源服务。

　　（4）商业综合体和交通枢纽能耗水平高，全天负荷波动较小，日负荷时间长，全年负荷随季节变化，可通过信息化手段加强能源管控，实现节能降耗。

（5）城镇住宅能耗水平低，对舒适度要求高，早晚为负荷高峰，晚上负荷大，全年负荷随季节变化。随着生活水平的提高，采暖区域从北向南逐渐扩大，全国的空调使用率也有很大的提高。面向新建居民小区开展冷热供应服务是未来发展方向。

（6）工业企业用能量大，近年来工业能源消费结构呈现清洁化特征，节能改造和余热余气余压利用潜力较大。但工业企业综合能源项目对专业性较强，投资较大，进入门槛较高。

（7）园区用能量大，根据园区产业特征，可采用以电为中心或以气为中心，进行能源一体化供应。新建园区综合能源系统需要一体化的规划设计、建设施工和运营管理。存量改造园区多以加装新能源设施、能源管控平台等实现能效提升和环保达标。

第三篇

展 望 篇

第七章　综合能源服务发展环境展望

第一节　政策红利释放带来短期快速成长

目前，国家并没有针对综合能源服务制定专项政策，综合能源服务也未在政策文件中明确提出。但是国家出台的能源改革政策、规划政策、财税政策、价格政策等都在深深地影响着综合能源服务的发展，综合能源服务的宏观政策环境在逐步构建。

一　能源体制改革推动能源市场化进程

政策红利释放，市场壁垒突破，是催生综合能源服务这一新业态的土壤。当前，随着政府"放管服"改革和能源领域市场化改革的全面深化，政府"有形的手"正在逐步让位于市场"无形的手"。未来，市场在能源资源配置中的决定性作用将充分发挥，市场效率将大幅提高，市场主体活力将进一步激发，综合能源服务产业将呈现出前所有未有的蓬勃发展态势。

1. 电力体制改革

2015 年 3 月 15 日，中共中央、国务院下发《关于进一步深化电力体制改革的若干意见》（中发〔2015〕9 号，以下简称 9 号文件），提出深化电力体制改革。电力体制改革将进一步活跃电力市场，降低行业集中度。电力市场改革遵循"放开两头、管住中间"的原则，开展输配电价改革、售电

侧市场改革、增量配电网建设试点等，激发了众多市场主体参与，创新了多种增量配电和售电商业模式，创造了体量可观的市场化售电服务、增量配电网建设与运营服务、分布式能源开发利用服务需求，自 2015 年以来已释放近万亿改革红利。

以电力体制改革 9 号文件为起点，多项政策陆续出台，进一步推进了新一轮电力体制改革，包括《关于推进输配电价改革的实施意见》《关于推进电力市场建设的实施意见》《关于电力交易机构组建和规范运行的实施意见》《关于有序放开发用电计划的实施意见》《关于推进售电侧改革的实施意见》等配套文件。

这一系列政策的出台有效地推动了能源供应结构向多元化发展，促进了增量配电、市场化电力交易、电力辅助服务、分布式电源服务、需求响应、综合节能和用能咨询等综合能源服务业务的快速发展。

2. 油气体制改革

近年来，我国油气改革步伐加快，中共中央、国务院于 2017 年 5 月 21 日印发了《关于深化石油天然气体制改革的若干意见》，对油气行业的上中下游改革均明确了市场化方向，包括完善并有序放开油气勘查开采体制、改革油气管网运营机制、深化下游竞争性环节改革等。其中，深化下游竞争性环节改革对综合能源服务的影响最为深远。2019 年 3 月 19 日，中央全面深化改革委员会第七次会议强调推动形成上游油气资源多主体多渠道供应、中间统一管网高效集输、下游销售市场充分竞争的油气市场体系，提高油气资源配置效率，保障油气安全稳定供应。

这一系列油气体制改革政策的出台使得油气企业在价格"小步快走"渐进完善同时，加大内部资源整合和重组，油气管道的建设、运营服务加快向社会资本开放，释放竞争性环节市场活力，促进以气为中心的综合能源服务快速发展。

3. 煤炭体制改革

煤炭行业以供给侧结构性改革为切入点，以保供给、稳运行、调结构、促转型为重点，严格控制增量、淘汰落后产能，有力有序化解过剩产能，发展先进产能。

为推进煤炭行业供给侧改革，各部委陆续出台《关于煤炭行业化解过剩产能实现脱困发展的意见》（国发〔2016〕7号）《关于做好2017年钢铁煤炭行业化解过剩产能实现脱困发展工作的意见》（发改运行〔2017〕691号）《煤炭工业发展"十三五"规划》《关于推进2018年煤炭中长期合同签订履行工作的通知》等一系列政策。

煤炭去产能作为能源领域改革的重要内容，有效地推动了能源供应结构向多元化发展，为煤炭清洁化、以电代煤、以气代煤等能源服务业务提供了市场空间。

4. 混合所有制改革

混合所有制改革以市场为资源配置的基本取向，通过民营资本的有效参与，实现国有资本的活力和效率，建立一种新型的市场协调经济模式。新时代背景下推进国有企业混合所有制改革，可实现全社会资源要素有效配置，有利于塑造公平的市场竞争秩序，逐步实现市场在资源配置中的决定性作用，将进一步激活社会投资、推动市场多元化竞争，推动国企改革全面深化，提升企业现代化治理水平，放大国有资本功能，完善市场竞争基础。

混合所有制改革正在逐步深入以国有企业为主体的能源领域。民营资本的引入及其和国有资本的融合，将有效激发综合能源服务市场的活力，提升综合能源服务商的综合竞争力。

二 能源规划及产业政策引领产业发展

能源规划及产业政策最直接地影响着未来一段时期内综合能源服务市场空间，或带来快速增长，或带来短期衰退，从长远来看，将引导综合能源服务业务的健康有序发展。

1. 能源规划

在能源产业规划方面，我国在"十三五"期间先后出台了能源、电力、油气、可再生能源发展、北方地区清洁供暖等专项规划（见表7-1）。这些规划文件提出了能源消费总量和强度双控、电气冷热等能源基础设施建设、分布式能源发展等的阶段性目标、重点领域和工作任务，划定了能源市场相关领域未来五年的市场空间。根据这些文件，综合能源服务的近五年发展方向、重点领域、市场规模等也变得相对明晰。

表 7-1　　　　　　　　　　　能 源 产 业 规 划

单　　位	文　　件
发展改革委、能源局	能源发展"十三五"规划
国务院	节能与新能源汽车产业发展规划（2012—2020年）
发展改革委、能源局	电力发展"十三五"规划
发展改革委、能源局	天然气发展"十三五"规划
发展改革委、能源局	生物质能发展"十三五"规划
发展改革委、能源局	太阳能发展"十三五"规划
发展改革委、能源局	风电发展"十三五"规划
发展改革委、能源局	地热能发展"十三五"规划
发展改革委、能源局	可再生能源发展"十三五"规划
发展改革委、住房城乡建设部等	北方地区冬季清洁取暖规划（2017—2021年）

2. 节能服务产业政策

我国节能服务产业在过去二十余年中经历了初期引入、全面推广、稳定发展以及转型升级四个阶段，经过了从无到有、从弱到强的发展历程，取得了长足的进步。国家陆续出台节能产业各项政策措施，见表7-2。例如，《"十三五"节能减排综合工作方案》明确了在"十二五"期间单位GDP能耗降低18.4%的基础上，"十三五"期间我国单位GDP能耗将进一步下降15%的目标。节能服务作为综合能源服务的重要业务之一，在政策推动下将继续快速发展。

表 7-2　　　　　　　　　节能产业主要相关政策

单　　位	文　　件
国务院	"十三五"节能减排综合工作方案
国务院	关于加强内燃机工业节能减排的意见
国务院	关于加强节能标准化工作的意见
发展改革委	节能低碳技术推广管理暂行办法
发展改革委	重点用能单位节能管理办法
发展改革委	节能监察办法
发展改革委	固定资产投资项目节能审查办法
发展改革委	"十三五"全民节能行动计划
发展改革委、能源局	关于提升电力系统调节能力的指导意见
税务总局、发展改革委	关于落实节能服务企业合同能源管理项目企业所得税优惠政策有关征收管理问题的公告
质检总局、发展改革委	节能低碳产品认证管理办法
质检总局	燃煤锅炉节能减排攻坚战工作方案
国资委	中央企业节能减排监督管理暂行办法
住房城乡建设部	公共建筑节能改造节能量核定导则
工业和信息化部	工业节能管理办法
工业和信息化部	关于加强"十三五"信息通信业节能减排工作的指导意见

3. 分布式清洁能源产业政策

我国分布式能源产业经历了三个阶段，即初级阶段、实质性实施阶段、转折阶段。分布式能源产业政策从宏观引导到实质性支持，覆盖了分布式能源产业链从发展规划、技术研发、投资建设到运营维护的产业链各个环节，以及初始投资补贴、电网激励、电价形成、收益分配机制等诸多方面，对分布式能源服务的发展起到了重要的推动作用，见表 7-3。

表 7-3 分布式能源产业主要相关政策

单 位	文 件
发展改革委	关于加快推进天然气利用的意见
发展改革委	分布式发电管理暂行办法
发展改革委	关于规范天然气发电上网电价管理有关问题的通知
能源局	关于加快推进分散式接入风电项目建设有关要求的通知
能源局	关于推进分布式光伏发电应用示范区建设的通知
能源局	关于印发分布式光伏发电项目管理暂行办法的通知
能源局	关于进一步落实分布式光伏发电有关政策的通知
能源局	关于推进新能源微电网示范项目建设的指导意见
能源局	关于建立可再生能源开发利用目标引导制度的指导意见
能源局	关于推进光伏发电"领跑者"计划实施和 2017 年领跑基地建设有关要求的通知
发展改革委、能源局	关于开展分布式发电市场化交易试点的通知
发展改革委、能源局	关于有序放开发用电计划的通知
发展改革委、能源局	关于推进多能互补集成优化示范工程建设的实施意见
发展改革委、能源局 住房城乡建设部、财政部	关于发展天然气分布式能源的指导意见
发展改革委、能源局、 住房城乡建设部、财政部	关于下达首批国家天然气分布式能源示范项目的通知
发展改革委、能源局 住房城乡建设部	天然气分布式能源示范项目实施细则
发展改革委、能源局	推进并网型微电网建设试行办法
发展改革委、能源局	关于推进"互联网＋"智慧能源发展的指导意见
发展改革委、能源局	关于进一步推进增量配电业务改革的通知
发展改革委、能源局	关于积极推进风电、光伏发电无补贴平价上网有关工作的通知
财政部	关于分布式光伏发电实行按照电量补贴政策等有关问题的通知

4．冷热（暖）供应产业政策

冷热（暖）供应是关乎民生的重要基础，也是综合能源服务的重要内容之一。在当前生态环境保护的大背景下，清洁低碳成为当前冷热（暖）供应的重要发展方向。相关产业政策为北方清洁供暖、电能替代等创造了一定市场空间，见表7-4。

表7-4　　　　　冷热（暖）供应产业主要相关政策

单　位	文　件
住房城乡建设部、发展改革委、财政部、能源局	关于推进北方采暖地区城镇清洁供暖的指导意见
发展改革委	关于北方地区清洁供暖价格政策的意见
能源局	关于开展风电清洁供暖工作的通知
发展改革委等	关于加快浅层地热能开发利用 促进北方采暖地区燃煤减量替代的通知
发展改革委、能源局	关于加大清洁煤供应确保群众温暖过冬的通知
发展改革委、能源局	关于切实落实气源和供气合同确保"煤改气"有序实施的紧急通知
国务院	打赢蓝天保卫战三年行动计划
国务院	大气污染防治行动计划

三　财税价格政策引导产业发展方向

我国能源领域的财税政策、价格政策、投融资政策用于鼓励新兴产业发展，直接带动了相关领域的投资强度和盈利水平，支持性强的政策引导相关产业成为投资热点。

1．财税政策

财税政策通过设立专项资金、税收优惠等方式，引导相关产业发展，主要包括节能减排补助资金、可再生能源发展专项资金、合同能源管理项目税收优惠、绿色信贷等资金优惠政策。

节能减排财政补助资金的设立促进节能服务发展。2015 年 5 月 12 日，财政部发布《节能减排补助资金管理暂行办法》，节能减排补助资金重点支持节能减排体制机制创新，节能减排基础能力及公共平台建设，节能减排财政政策综合示范，重点领域、重点行业、重点地区节能减排，重点关键节能减排技术示范推广和改造升级等方面。该项资金主要采用补助、以奖代补、贴息和据实结算等方式。

可再生能源发展专项资金重点支持可再生能源开发利用。2015 年 4 月 2 日，财政部印发《可再生能源发展专项资金管理暂行办法》，促进可再生能源开发利用，优化能源结构，保障能源安全，可再生能源发展专项资金重点支持范围包括可再生能源和新能源重点关键技术示范推广和产业化示范，可再生能源和新能源规模化开发利用及能力建设，可再生能源和新能源公共平台建设，可再生能源、新能源等综合应用示范等方面。

合同能源管理项目享受税收优惠，促进合同能源管理模式创新应用。2010 年 4 月 2 日，发展改革委等部门发布《关于加快推行合同能源管理促进节能服务产业发展的意见》，强调对节能服务产业采取适当的税收扶持政策，例如节能服务公司实施合同能源管理项目，取得的营业税暂免征收营业税，对其无偿转让给用能单位的因实施合同能源管理项目形成的资产，免征增值税等。

2. 价格补贴政策

价格补贴政策主要包括光伏、风电、生物质、天然气等清洁能源开发补贴政策，以及峰谷电价、阶梯电价、上网电价等价格调节政策。

价格补贴政策催生盈利空间，促进综合能源服务商创新商业模式。以分布式天然气冷热电三联供为例，天然气价格分省定价；按热当量计算，1m³ 天然气约等于 10kWh 电，产热用气比用电节约 1～4 倍成本，天然气的低价将引导综合能源服务业务向天然气类业务倾斜。部分省份还出台了补贴政策，如图 7-1 所示，从建设、运营等环节给予设备投资补贴、优惠气价、节能补贴、上网电价等优惠。上海市 2004～2017 年共发布四轮扶持政策，将设备投资补贴从 700 元/kW 提高到 1000 元/kW❶，且增加了最高可达 2500 元/kW 的节能补贴。

自 2019 年起，政府出台了多项能源价格调节政策，综合能源服务利润空间或被挤压。自 2019 年 4 月 1 日起，我国进一步降低成品油价格、一般工商业电价、天然气基准门站价格、天然气跨省管道运输价格等。2018～2020 年政府工作报告均提出降低一般工商业电价，让利于企业。能源价格的下降，将降低用户投资节能改造、分布式清洁能源开发等项目的热情，从而减少综合能源服务的盈利空间。

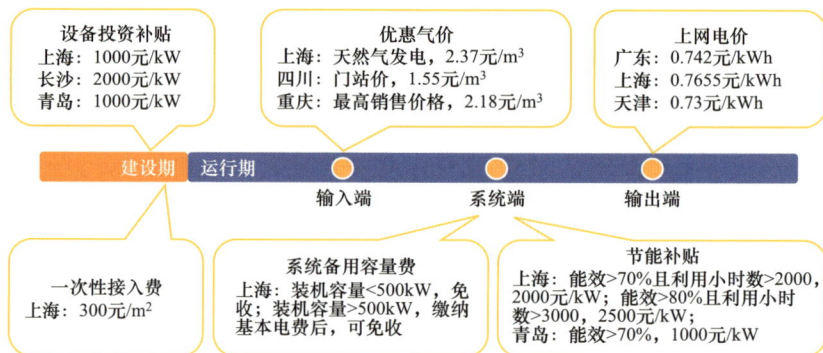

图 7-1 天然气冷热电三联供政策补贴类型及典型省份补贴强度

第二节　经济发展加速综合能源服务发展

我国经济由高速增长阶段转向高质量发展阶段，经济结构不断优化调

---

❶ 引自《关于本市鼓励发展燃气空调和分布式能源意见的通知》（沪府办〔2004〕52 号）、《上海市分布式供能系统和燃气空调发展专项扶持办法》（沪府办发〔2008〕48 号）、《上海市分布式供能系统和燃气空调发展专项扶持办法》（沪府办发〔2013〕14 号）、《上海市天然气分布式供能系统和燃气空调发展专项扶持办法》（沪府办发〔2017〕2 号）。

整，不断催生新业态发展。能源发展服务于经济社会发展，也正处于从总量扩张向提质增效转变的全新阶段。这为综合能源服务产业发展创造了宝贵的历史机遇。

一 宏观经济发展

我国经济总量保持高速增长，未来有望成为第一大经济体。经过改革开放 40 年的发展，我国经济实力不断增强，人民生活水平极大提高。根据《中华人民共和国国民经济和社会发展统计公报》，GDP 总量从 1978 年的 3679 亿元飞升到 2018 年的 900309 亿元，稳居世界第二。人均 GDP 从 1978 年的 385 元提升到 2018 年的 64644 元，稳居中上收入国家之列。清华大学国情研究院胡鞍钢课题组预测，到 2035 年，我国 GDP 总量将达到 52.74～61.52 万亿美元，占世界总量比重达到 27.25%～31.45%，相当于美国的 2.15～2.50 倍；到 2050 年，我国 GDP 总量将达到 84.59 万亿～107.27 万亿美元，占世界总量比重达到 28.86%～36.59%，相当于美国的 2.75～3.49 倍[8]。普华永道最新的经济研究《长远前景：2050 年全球经济排名将会如何演变？》提出，中国会在 2030 年前成为全球最大经济体。

综合能源服务等新动能成为保持经济平稳增长的重要动力。在我国经济迈向高质量发展阶段，新产业、新业态、新商业模式（简称"三新经济"）层出不穷。2015～2017 年的统计数据表明，经济发展新动能指数年均增幅达到 28%，"三新"经济增加值占 GDP 的比重已经达到了 15.7%。综合能源服务作为能源领域重要的新业态之一，宏观经济高质量发展的良好环境将促进其快速发展。

二 服务经济需求旺盛

服务业保持快速增长，对经济增长的贡献持续提升。2018 年，服务业增加值 469575 亿元，占国内生产总值比重为 52.2%，比上年提高 0.3 个百分点，比第二产业高 11.5 个百分点；服务业增长对国民经济增长的贡献率为 59.7%，比上年提高 0.1 个百分点，比第二产业高 23.6 个百分点，继续发挥经济增长"稳定器"作用。未来，服务业的需求将越来越大，拉动第三产业的比重上升，相应的利润也逐步提高。

服务性消费支出占比提升，社会对服务的需求持续增加。 服务性消费支出随着社会经济的发展与人均国民收入水平的提高而增长。2018 年我国居民人均服务性消费支出 8781 元，占居民消费支出的比重为 44.2%，比上年提升 1.6 个百分点。人均服务性消费支出的持续增加，代表着人民的生活水平越来越高，代表着以消费为主导的经济模式正在快速发展。

高品质的能源服务需求随之增加。 在能源领域，消费者对能源商品及服务的需求量逐步加大，对其质量要求越来越高。例如，大型工厂企业对能源供给的经济性和可靠性要求提高，精密仪器制造和电子信息产业对电能的质量要求提高，高污染高排放产业对能源使用的环保和减排要求提高，建筑业对能源使用的高效性和舒适性要求提高。这些需求促进了综合能源服务产业的快速发展。与此同时，消费者对能源服务的需求驱动能源产业关注点逐步从供给侧向用户侧转移，催生了能源托管、能源代购售等服务业务，满足能源消费者的定制化和个性化要求，改变了传统"重发轻供不管用"的局面，带来当前需求旺盛的综合能源服务市场。

三 产业结构布局调整

我国城镇化发展进程不断推进，各区域协调有序发展。 国家新型城镇化战略促进经济增长和市场空间由东向西、由南向北梯次拓展，引导产业结构和布局深度调整。一方面，优化提升东部地区城市群；另一方面，培育发展中西部地区城市群，增强中心城市辐射带动功能，加快发展中小城市，有重点地发展小城镇。我国东、中、西部区域发展不平衡的现状也对综合能源服

务提出了不同的要求，需要结合区域特征，推进差异化的综合能源服务。

东部地区是"第一梯队"，驱动综合能源服务向"绝对保量保质、高度差异化竞争、重视用能体验"的方向发展。 东部地区是我国经济社会发展的"高度发达地区"，以发展中高端产业为主。以北京、上海、江苏、浙江、广东、山东等省份为代表的东部地区，占中国经济比重超过50%。经济高度发达带来能源市场的活跃，特别是华东地区工业化程度较高、负荷密度高的优势，能源服务起步较早，具备较好的市场潜力，竞争较为激烈，全国超过半数的综合能源服务公司集中在该区域。当前，东部地区城市群已实现向先进装备制造业、战略性新兴产业和现代服务业转型，上述产业对能源要求"高质量、零中断"，因此"绝对保量保质"是东部地区综合能源服务行业的"入门级"要求。为在该区域综合能源服务市场生存，企业必将以为客户提供高品质的用能体验为出发点，在互联网＋、人工智能、大数据、物联网、虚拟现实等技术领域以及环境保护、融资投资、社会管理等非技术领域，实现差异化竞争，以实现在综合能源服务诸多"细分市场"的企业效益最大化。

中部地区和东北地区是"第二梯队"，驱动综合能源服务向"保持低成本优势、形成规模效应、促进产业转型"的方向发展。 中部地区和东北地区是我国经济社会发展的"中等发达地区"，中部地区正在承接国际及沿海地区产业转移，东北地区仍以传统重工业为主。面对当前国内人才、土地等资源的日益稀缺和以东南亚等新兴市场国家发起的承接产业转移竞争的现状，以较低的成本实现综合能源服务是保持区域产业竞争力的重要考量。与此同时，中部地区和东北地区的产业多元化将带来综合能源服务的需求多元化，传统业务和新兴业务百花齐放，煤炭、石油、天然气、火电、水电、风电、核电、光伏、生物质等不同的能源供应形式，均可并行发展。基于传统能源高效利用、新兴可再生能源开发、蓄能储能与"互联网＋"大数据应用的"多能互补"能源解决方案，将成为发展中部地区和东北地区综合能源服务的不二选择。此外，中部地区和东北地区的重工业具有高能耗、重污染的特点，发展循环经济、加强工业节能增效是重点任务，亟须利用先进节能低碳技术改造提升重点高耗能行业能效水平。同时，北方建筑节能改造需求亦较大，北方对清洁供暖有着迫切需求。因此，在中部地区和东北地区，综合能源服务在促进能效提升方面将大有可为。

西部地区是"第三梯队"，驱动综合能源服务向"注重生态环保、推广自助服务、发展远程业务"的方向发展。西部地区是我国经济社会发展的"欠发达地区"，作为我国重要的生态涵养区，可再生能源储量丰富，传统的资源型工业正面临淘汰。西部地区可以借力国家支持政策，在风险可控的情况下，重点打造新能源、能源化工、能源装备等产业，形成能源全产业链的清洁能源大基地，为各省输送天然气资源、富余电力资源、分布式能源装备等，成为综合能源服务业务的基础能源资源供应方和能源装备制造方。同时，东部地区所积累形成的面向典型场景的成熟技术和商业模式，可以在西部地区进行积极推广，以获得最大的效益。

四 能源产业发展

我国能源产业发展迅猛。《能源发展"十三五"规划》对当前能源基础情况进行了全面总结，主要有以下特点：**一是供给保障有力。**能源生产总量、电力装机规模和发电量稳居世界第一，长期以来的保供压力基本缓解。**二是清洁化步伐不断加快。**截至"十二五"末，非化石能源和天然气消费比重分别提高2.6个和1.9个百分点，煤炭消费比重下降5.2个百分点，非化石能源发电装机比例达到35%。**三是节能减排成效显著。**单位国内生产总值能耗下降18.4%，二氧化碳排放强度下降20%以上。

国网能源院《中国能源电力发展展望2019》展望了我国中长期能源发展趋势，得到以下主要结论：**第一，能源利用效率持续提升。**2040年人均一次用能水平保持在4t标准煤左右，单位GDP能耗水平有望于2035年达到当前世界先进水平。单位GDP终端能耗稳步下降，有望于2035年前后

达到当前世界先进水平。**第二，能源需求部门格局加速演变**。终端用能增长逐渐从工业部门转移到建筑和交通部门，工业、建筑、交通部门终端用能总量将呈现 4∶3∶3 的均衡化格局。建筑部门和交通部门在 2030 年前保持快速增长。**第三，能源结构加速优化升级**。2025 年前电力取代煤炭在终端能源消费中的主导地位，2035～2040 年非化石能源将成一次能源供应主体。**第四，电气化水平持续提升**。2050 年电能占终端能源的占比有望达到 47％左右，建筑部门成为电气化水平提升的第一引擎。**第五，能源燃烧碳排放于 2025 年前后达峰**。峰值约为 105 亿 t 左右，2030 年后进入快速下降通道，单位 GDP 碳强度下降目标有望超额实现。

综合能源服务匹配我国能源产业转型发展需求。**第一**，综合能效提升将成为综合能源服务的主要业务类型之一，我国要走高效节约的现代化道路，节能潜力空间仍然较大。**第二**，电动汽车服务和建筑多能服务将逐步发展起来。**第三**，以电为中心的综合能源服务具有持续生命力，虽然当前电类业务的技术经济性略差于天然气等类型业务，但随着电气化水平提高，相关业务数量将增加，技术经济性将逐步趋好。**第四**，分布式能源服务保持稳定增长，从中长期来看，可再生能源比例逐年提升，分布式光伏、分布式风电还将继续发展。**第五**，碳交易、碳减排、碳捕集等业务开始萌芽，随着碳排放强度的进一步下降，围绕碳主题的业务将逐步开展起来。

第三节　社会需求孕育综合能源服务潜力

一　消费观念升级

我国消费规模逐步扩大，消费水平进一步提高。2018 年消费增长对经济增长的贡献已经达到了 76.2%，连续六年成为经济增长的第一拉动力。全国居民人均消费支出 19853 元，比上年名义增长 8.4%。据经济学人智库估算[9]，2015～2030 年我国个人消费的年均增速将达到 5.5%。2030 年，我国个人消费在名义 GDP 的占比预计将达到 47.4%，远超 2015 年的 38%，也将超过 2015 年欧盟消费总量。

消费结构不断优化，消费转型升级态势明显。个人消费的高速增长带来消费者消费习惯的升级。一是消费形态由实物消费向服务消费转变，中国互联网协会发布的报告显示，2018 年我国信息消费比上年增长 11%，信息服务消费规模首次超过信息产品消费，信息消费市场出现结构性改变；二是消费结构由基本生存型向发展享受型转变，消费者在满足基本需求之后，希望得到更多精神领域的享受；三是消费方式创新发展，线上线下加速融合，互联网经济推动消费方式快速升级。

在这样的消费转型升级背景下，社会对能源消费观念也在发生潜移默化地转变。对于能源商品及服务，消费者希望有更丰富的选择、更全面的共享、更智能的决策。

能源消费者从被动接受向主动选择转变，更注重消费体验。传统化石能源主导的能源系统下，能源生产侧主导，能源供应商能生产出什么、能提供什么样的产品和服务决定了消费者消费什么，消费者多数情况下只能被动接受。随着能源互联网时代的到来，分布式能源系统、微电网、能源信息相关技术等快速发展，终端竞争性业务加速开放，多买多卖的格局初步显现。能源消费者对能源商品及服务具有更多的主动选择权，对消费的经济性、便捷性、舒适性等要求日益提升。

能源消费者向产消者转变，推动能源共享经济发展。传统化石能源主导的能源系统下，能源生产、运输、消费各环节主体分工明确，消费者在能源系统中作为需求终端，角色较为单一。在能源互联网时代，能源消费与供应的关系从单向供需关系向双向互动模式转变，越来越多的企业、公用建筑和家庭等原来单纯的能源消费者成了能源生产者。里夫金在《第三

次工业革命》中描绘了数以亿计的人们将自己的家、办公室、工厂生产出的绿色能源在互联网上与大家分享的图景。能源消费者可以自行发电满足自身用能需求，可以将多余能源反向输送给其他用能主体，可以通过分布式储能、电动汽车、需求响应等为电网系统提供辅助服务，还可以将闲置的能源、资金、设备等资源进行租赁利用，发展能源共享型和平台型经济，降低能源生产的边际成本，实现系统效益优化。

能源消费者青睐用能决策复杂化与智能化。传统能源供应模式下，可供选择的能源产品与服务有限，能源价格相对固定，消费者用能决策简单。在能源互联网系统中，满足消费者用能需求的途径和方式更加多样，消费者选择更加多元，能源价格波动性和能源供应灵活性提升，消费者所接收到的用能决策信息大幅增长，消费决策日趋复杂。消费者期待智能决策系统为之提供最快速、最优化的解决方案。表 7-5 所示为两个典型的智慧用能案例。

表 7-5　　　　　　　　　智 慧 用 能 案 例

项目	项 目 案 例
哈茨地区 RegMod 项目	RegMod 项目是一个综合性能源互联网项目，通过整合储能设施、电动汽车、可再生能源和智能家用电器实现智慧用能。当可再生能源发电富余时，智能洗衣机、智能洗碗机、智能热水器等智能家用电器自动开启，同时利用抽水蓄能电站和电动汽车储存多余的电力。在电力需求攀升时，通过释放所存储的电力以及减少智能电器的用电量来满足电力消费需求
德国亚琛 Smart Watts 项目	Smart Watts 项目通过建立智能电力交易平台来实现所覆盖区域的分布式能源交易，消费者通过智能电能表来获知实时变化的电价，根据电价高低来调整家庭用电方案和电动汽车充电方案

二 城镇化加速

城镇化加速促使城镇建筑面积和能耗持续增长，建筑冷热供应服务和

节能服务市场空间广阔。我国城镇化率不断提升，2018 年常住人口城镇化率（城镇人口比重）为 59.58％，比 2017 年末提高 1.06 个百分点。城镇化率每提高一个百分点，就有近 1400 万人从农村转入城镇。城镇人口增加使得我国建筑面积和能耗不断增长，如图 7-2 所示。公共建筑面积近年增速约 5％，城镇住宅面积近年增速约 3％，面向建筑的冷热供应服务、节能服务等业务具有广阔的市场空间。

图 7-2 我国建筑能耗（2001～2016 年）[5,11]

新增建筑用能市场空间广阔。通过自主模型进行测算，以建筑客户对冷热的年最大购买量作为市场潜力，2020～2021 年新增建筑带来的综合能源服务市场潜力约为 3000 亿元。商场、城镇住宅、办公楼占比最大，约为 31％、21％、12％，如图 7-3 所示。

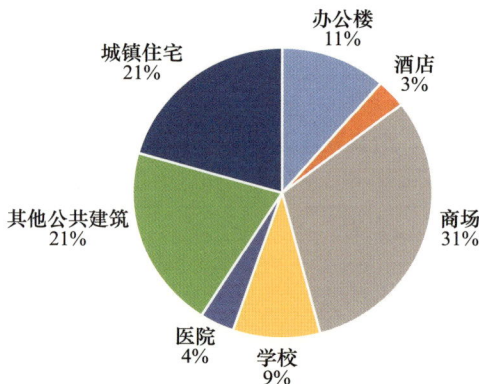

图 7-3 各类建筑用能市场潜力

　　改造市场以北方清洁供暖地区为主，南方地区为辅。国家推动北方地区清洁取暖，提出电、天然气、生物质、太阳能、地热等清洁供暖面积将从 2016 年的 34.1 亿 m^2 增长至 2021 年的 88.5 亿 m^2，如图 7-4 所示，北方地区具有一定存量改造市场潜力。南方地区冬季取暖呼声日益高涨，在近年两会代表提案中被多次提及，市场空间重点集中在经济较发达的夏热冬冷地区，可以深度挖掘冷热系统改造项目。

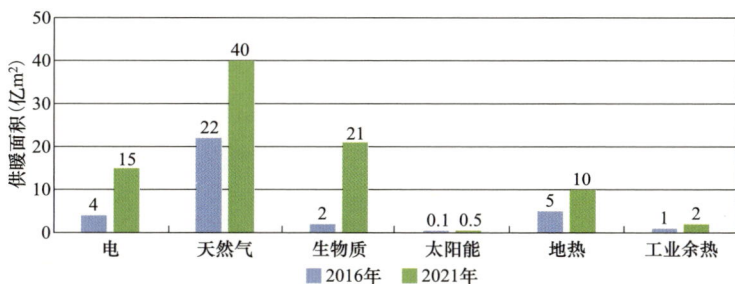

图 7-4　北方地区清洁供暖面积❶

三　生态环境保护

　　环境污染和世界气候面临越来越严重的问题，发展低碳经济迫在眉睫。随着世界工业经济的发展、人口的剧增、人类生产生活的粗放式发展，二氧化碳排放量越来越大，地球臭氧层正遭遇前所未有的破坏，全球灾难性气候频发，危害人类的生存环境和健康安全。众多国家呼吁绿色发展模式，积极探索低碳经济发展之路。所谓低碳经济，是指在可持续发展理念下，通过技术创新、制度创新、产业转型、新能源开发等多种手段，尽可能地减少煤炭石油等高碳能源消耗，减少温室气体排放，达到经济社会发展与生态环境保护双赢的一种经济发展形态。能源是低碳经济的关键，一方面需要不断提升

---

❶　《北方地区冬季清洁取暖规划（2017—2021 年）》。

能源利用效率，另一方面需要使无碳及可再生能源发挥重要作用[11]。

　　社会公众对生态环境保护的需求驱动清洁能源服务的发展。为了满足生态环境保护的需求，政府和社会积极推进面向终端的清洁能源消纳及分布式清洁能源开发，分布式光伏、分散式风电、生物质发电供热、天然气冷热电三联供等业务在近十年得到迅速发展，促进了终端能源系统的清洁化和高效化。此外，社会公众积极承担环境保护责任和义务，积极配合国家完成国家节能降耗指标的要求，为环境保护和清洁能源进行支付的意愿不断增强，使综合能源服务市场空间有所增长。

第四节　技术进步提供持续发展动力

　　我国大力推动能源技术革命。《能源技术革命创新行动计划（2016—2030）》提出大力推动能源科技创新，着力构建重大技术研究、重大技术装备、重大示范工程及技术创新平台一体化的能源科技创新体系，大力发展新能源技术、新能源汽车技术、节能环保技术、新一代信息技术等[12]，将极大地促进综合能源服务发展。

　　综合能源服务相关技术大体分为五个方面：分布式能源生产技术、能源配置技术、能源储存技术、能源消费及综合利用技术、"能源＋互联网"技术等。任何一类技术进步，均会催生客户的新需求，为综合能源服务产业提供发展动力，创造一定的市场空间，如图7-5所示。总体来看，能源生产技术受国家产业政策激励，已取得快速突破，技术进步以"成本驱动"为主，2025年趋于成熟。能源配置、储存、消费及综合利用技术总体上处于技术验证和快速突破期，预计2030年前后会快速突破，2035年前后成熟；"能源＋互联网"技术正处于技术孵化期，随着能源竖井式发展格局被打破、能源信息逐步公开化，2035 年前后或可快速突破。

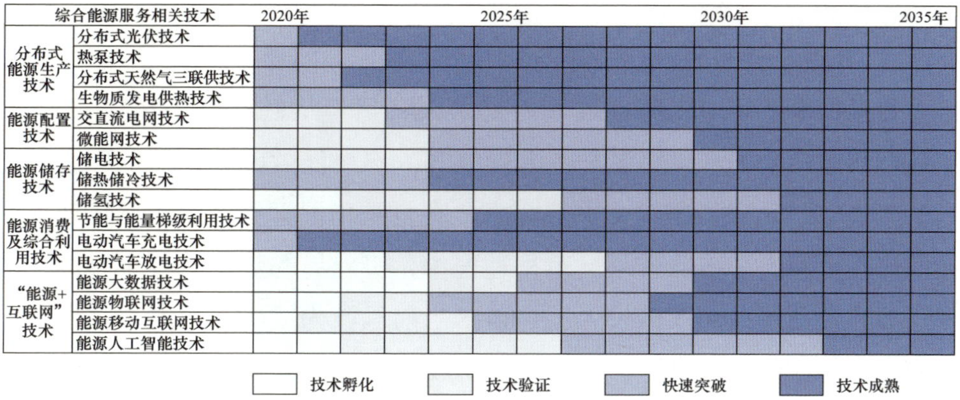

综合能源服务相关技术		2020年	2025年	2030年	2035年
分布式能源生产技术	分布式光伏技术				
	热泵技术				
	分布式天然气三联供技术				
	生物质发电供热技术				
能源配置技术	交直流电网技术				
	微能网技术				
能源储存技术	储电技术				
	储热储冷技术				
	储氢技术				
能源消费及综合利用技术	节能与能量梯级利用技术				
	电动汽车充电技术				
	电动汽车放电技术				
"能源+互联网"技术	能源大数据技术				
	能源物联网技术				
	能源移动互联网技术				
	能源人工智能技术				

□ 技术孵化　　□ 技术验证　　□ 快速突破　　■ 技术成熟

图 7-5　能源技术进步甘特图

一　分布式能源生产技术

综合能源服务领域的能源生产主要是指分布式能源生产，主要包括光伏技术、热泵技术、天然气三联供技术、生物质发电供热技术等。该类技术目前处于快速成长期或已相对成熟，技术进步以"成本驱动"为主❶[13,14]。2025 年前属于低成本技术攻关期，2025 年后技术更新迭代，实现更高效率和更低成本。分布式能源生产技术的发展和成熟已经创造了很大的分布式能源开发利用和运营服务业务的市场空间，未来将继续稳步拓展。

光伏技术是指可直接将太阳的光能转换为电能的技术。分布式光伏重点包括工商企业厂房屋顶光伏发电系统、民居屋顶光伏发电系统等。我国光伏组件生产制造技术不断进步，成本持续下降。光伏"531"政策❷出台

---

❶　能源局《能源技术革命创新行动计划（2016—2030）》。

❷　国家发改委、财政部、能源局《关于 2018 年光伏发电有关事项的通知》（发改能源〔2018〕823 号）。

后，光伏产业补贴退坡，为光伏技术发展带来了新的挑战。整体来看，我国光伏技术进入平稳发展期，以智能化应用、降低成本作为技术发展的主要驱动力。

热泵技术使用电力驱动的制冷循环来将热量从低温处转移到高温处，包括空气源热泵、水源热泵和地源热泵等。热泵能效比高，COP❶值可达到 2.5～6.5；可兼顾供冷、供热需求，在夏季工况运行过程中，将外界的冷能转移至室内，在冬季工况运行过程中，将外界的热能转移至室内，减少了冷热设备建设的双倍投入。该技术当前已较为成熟，国内有较多设备供应商，例如格力、美的、海尔等。高效低成本热泵技术、超低温空气源热泵技术、高温蒸汽热泵技术研发为主要方向。

天然气三联供技术通过燃气发电设备运行产生电力，并将余热回收向用户供热、供冷，从而实现能源梯级利用，综合能源利用效率可达 80％以上。天然气三联供核心设备是发电设备，根据规模大小，分为燃气轮机、内燃机和微燃机三类，其投资成本占到总成本 60％～70％，且维护费用较高。燃气轮机为稀缺性技术，主要通过国外进口，合资品牌包括通用、颜巴赫、西门子、三菱重工等。我国近期以高效燃气轮机技术攻关、多能互补联供技术研发、降低天然气三联供成本等为主要方向。

生物质发电供热技术是利用各类生物质原料在专用设备中燃烧进行发电供热的技术，该技术布局灵活，适应性强，可就近收集原料、就地加工转换、就近消费。该技术较为成熟，核心设备包括汽轮机和发电机，国产品牌包括青岛捷能、南京汽轮机厂、长江动力等。因为生物质能量密度较低，发电成本较高，主要动力在于生物质垃圾处理，发电是协同收益，平均度电成本较高。我国近期以低能量密度、低成本生物能源发电供热技术研发为主要方向。

---

❶ COP 是制热能效比，其物理含义为空调器单位功率下的制热量，比值越大，说明该热泵系统效率越高。

二 能源配置技术

综合能源服务领域的能源配置技术主要包括交直流混合供电技术、微能网技术等。该类技术处于验证期或成长期，技术进步以技术验证为主。2020年前进行示范项目的技术验证，2025年是技术快速突破期，2035年技术成熟。

交直流混合供电技术主要是为了适应终端分布式电源的大规模接入、家用电器用电模式的改变、电动汽车的快速普及和储能系统的广泛应用，弥补传统的交流供电网络在可控性、可重构性和传输容量等方面的缺陷。该技术可进一步提升客户侧综合能源系统运行的经济性与灵活性，将成为未来配电网络的一种重要形态。该技术处于试验示范阶段，且聚焦于双端、低电压等级的配电网应用场景，未来有望实现多端、多电压等级供电网络领域的应用[16]。

微能网技术是集成型技术，微能网是一种由分布式能源进行供能的小型系统，可以独立运行，也可以通过联络线和大系统互联，是实现"源-网-荷-储"双向流通、区域能源协调调配、终端用能智慧互动的共享网络，涵盖了清洁能源生产、电热冷气等能源传输、能量管理及智能控制、先进电力电子、储能等多种技术。该技术可实现多能源连接和协调控制，已在园区、大型公共建筑进行示范应用，未来将在高度智能化、参与能源交易等方面实现更多应用[16]。

三 能源储存技术

综合能源服务的能源储存技术主要包括储电、蓄冷蓄热、储氢等技术。储电技术处于成长初期，以成本驱动为主，可靠性、储能容量、储能密度、设备寿命、储能成本等技术经济指标不断改进，渐渐步入商业化，2025年后将成熟。蓄冷蓄热技术处于更新换代阶段，2025年或将成熟。储氢技术处于验证期，当前处于技术示范阶段，需要较长时间才有望大范围推广。

能源储存技术的发展将推动储能辅助服务业务的快速兴起，同时，储能作为客户侧综合能源系统和电动汽车的重要组成部分，其技术进步将带来储能辅助服务业务、电动汽车充电服务的快速发展。

储电技术在可再生能源并网、分布式发电与微网、调峰调频、需求响应等领域有重要作用。主要电化学储能包括锂电池、铅蓄电池、液流电池、钠硫电池等。其中，锂电池比能量高、比功率高，寿命和案例性较好，同时也具有成本高的缺陷，近年该技术迎来较大突破，成本下降幅度较大，已经接近技术经济拐点，并通过与电动汽车、分布式光伏等核心技术进行集成，在交通电能替代和建筑光储一体化方面得到了较好的商业化应用，未来将参与综合能源系统构建，参与配电网阻塞管理、调频、调峰、经济调度等辅助服务❶。

蓄冷蓄热技术主要包括显热蓄热、相变蓄热、化学反应储热、冰蓄冷技术等。显热蓄热和冰蓄冷技术相对成熟，工艺简单，成本低，但占地面积大。相变蓄热和化学反应储热技术处于快速发展阶段，成本高是主要制约因素。蓄冷蓄热技术具有清洁高效、移峰填谷等优点，在建筑夏季制冷和冬季北方清洁供暖方面具有重要应用。蓄冷蓄热设备需要与制热制冷设备相配套，例如"热泵＋水蓄热"供暖系统、"制冷机组＋冰蓄冷"供冷系统。当前，制热设备与蓄冷蓄热设备一体化也成为发展趋势，例如蓄热式电锅炉、冰蓄冷空调等❷。

储氢技术当前处于试验示范阶段。氢能作为清洁二次能源，具有可规模化储存的特性，因此可结合分布式可再生能源制氢，广泛应用于燃料电池车辆、发电、供热等领域，具有较高的商业化潜力价值。近期先进燃料电池技术正在进行试验示范，未来"氢-冷-热-电"综合利用技术、高效低成本储氢技术等将研发推广❸。

---

❶ 能源局《关于促进储能技术与产业发展的指导意见》。
❷ 能源局《能源技术革命创新行动计划（2016—2030）》。
❸ 同❶。

四　能源消费及综合利用技术

能源消费及综合利用技术包括节能技术、电动汽车充放电技术等。节能技术相对成熟，正从单体节能技术向系统节能技术转变升级。电动汽车充电技术处于成长期，放电技术处于验证期，2025 年或将快速突破。这些技术的发展将拉动面向终端客户的综合能效服务、电动汽车服务等业务的市场空间。

节能技术主要为客户提高能效，降低用能成本。近年，绿色照明、变频电机、余热回收利用等节能技术推广应用，取得了显著的节能成效。但通过更换设备实现节能的市场空间在缩小，节能技术从单一设备环节逐步上升到整个用能系统，需要综合采取新旧更替、工艺改进、设备维护、系统优化、智能控制、能效管理等方式从源头实现能源节约。工业领域将加快工艺流程升级与再造，利用工业余热余压余气，通过"能效电厂"促进需求侧节能[16]。建筑领域将大力发展装配式建筑，推广超低能耗建筑、近零能耗建筑等。交通领域持续提高车辆用能经济性标准。

电动汽车充放电技术是电动汽车技术的重要配套，正朝着直流大功率、高速度充放电方向发展。当前电动汽车续航里程不断提高，将与常规燃油车齐平，技术经济性显著提升。快充、慢充等技术当前发展较为成熟，以技术进步为主，未来将不断弥补与燃油车间的能量补充方式的劣势。无线充电、有序放电技术仍处于试验阶段，可在简单场景下实现示范。未来有序放电技术将使电动汽车参与客户侧需求响应成为现实[17]。

五　"能源＋互联网" 技术

"能源＋互联网" 源于信息技术不断创新并向能源领域加速渗透，推动综合能源服务业务向集成化、自动化、智能化方向不断演进。对综合能源服务影响深远的主要技术包括大数据技术、物联网技术、5G 技术、人工智能技术等。目前，该类技术处于技术验证或示范期，2035 年或将快速突破。未来，一旦相关技术实现商业化，智慧用能服务、智慧能源交易服务等业务将快速兴起。

大数据技术可对能源数据进行全面整合与深层次分析处理，通过数据服务平台对外提供数字增值服务；在综合能源服务领域，可实现负荷精准预测、能源交易预测、能源设施可靠性评估、客户能效评估、客户缴费行为分析、自动报警等功能。近期将推动实现分布式的高效数据管理和并行化的快速分析计算，远期将实现基于大数据库的能源网拓扑公共服务平台全面推广应用。

物联网技术通过实现人与物、物与物相联，能够拓展对能源全景信息的获取能力，更全面感知源、网、用户的运行状态，为智能决策提供信息基础。在综合能源服务领域，可以广泛连接能源生产、存储、配送、消费等能源基础设施，实现园区、建筑、家庭用能的智能感知、智能计算、智能决策、智能控制。近期将率先实现智能路灯、智能抄表、用户账单管理等技术，未来计算能力向用户侧下沉，通过泛在计算能力实现预测性维护、泛能转换等应用[18]。

5G 技术具有低时延、高可靠、大带宽的特征，可应用于强型移动宽带、超高可靠与低延迟的通信、大规模机器类通信等场景，在有线技术难以触及的区域，可应用 5G 技术实现数据的海量接入与快速传输；在综合能源服务领域，可实现能源设备、能源基础设施、用能设备等的用能数据海量快速接入与传输，提升传输速率，对可靠性要求高的用能设备可提供精准控制。近期重点推进 5G 技术在海量能源数据传输场景的示范应用，远期将对时延和可靠性要求高的控制类业务（如用户侧用电控制、根据动态电价调整用电等）进行推广应用。

人工智能技术可应用于能源系统仿真分析，基于环境识别、复杂内外部条件认知，以数据为基础，通过深度学习自动提取电网稳定特征，实现

对能源系统稳定运行和相应措施的快速判断。在综合能源服务领域,可应用人工智能技术构建调控辅助决策系统,通过知识建模和深度学习建立调控行为、用户消费习惯与综合能源系统运行状态的内在关联关系,为调控人员智能定制信息并自动推送画面,引导和帮助调控人员主动、快速、全面、准确地掌控当前系统状态和发展趋势,为调控运行提供相应的辅助决策,帮助用户制定个性化用能方案,从而实现用户决策过程智能化。近期将实现多目标人工智能交互系统在线运检、运检缺陷自主识别、客服领域推广应用,远期将支撑 TB 级文件智能挖掘,实现精准知识归纳汇总,辅助制定科学决策[16]。

第五节　能源系统形态演变推动能源服务升级

能源系统形态向能源互联网演进。当前,随着科学技术的进步和行业壁垒的打破,能源系统呈现出信息化水平显著提升、清洁能源开发集中式与分布式协同、横向不同能源品种间互联互通与互补协同、纵向"源-网-荷-储"协调性显著提升的发展态势,能源系统的网络形态日趋明显,能源互联网初具雏形。能源互联网是以电为中心,以电网为主要平台,以能源互联互通为方向,智能灵活、多能互补、开放融合的现代智慧能源系统,能够有效支撑可再生能源大规模开发利用,满足各种能源设施便捷接入,支持能源新模式、新业态发展。传统能源系统与能源互联网的对比见表 7-6。

表 7-6　　　　　传统能源系统与能源互联网对比

项目	传统能源系统	能源互联网
子系统	煤炭、石油、天然气、电力、热力等系统相互独立	不同能源品种互联互通、互补协同的综合能源系统

续表

项目	传统能源系统	能源互联网
形态	线性	网络型
能源结构	化石能源主导	清洁能源主导
系统效率	低	高
开发方式	集中式为主	集中式与分布式协调
能源流	单向封闭	双向互动
供需模式	供给侧主导	消费侧主导

能源互联网的核心特征是破除壁垒、提高效率，通过在环节、系统、地域三个不同维度上融通融合，扩大优化空间，促进能源系统实现更加经济、清洁、安全运行。其功能特征主要体现在三个方面：首先，消除源、网、荷、储不同环节间的壁垒，实现供需双向互动；其次，消除电、气、热、冷等不同能源系统间的壁垒，实现多能协调互补；再次，消除不同区域间局部平衡的壁垒，实现跨区域资源优化配置。

能源互联网特征一是跨环节——"源-网-荷-储"协调。源、网、荷、储是能源系统中的主要构成部分，分别实现能源生产、传输、消费、存储功能。在能源互联网发展环境下，伴随着各类电源、电网、需求侧资源与储能的协同发展，各环节不同元素间将存在更多协调互动。系统调度将以整体最优为目标，统筹安排源、网、荷、储各环节的运行策略，充分发挥各类资源特点，以灵活高效的方式共同推动系统优化运行，促进清洁能源高效消纳。源侧的分布式能源开发服务，网侧的微电网、微能网业务，荷侧的电动汽车有序充电、需求响应等业务，储侧的储冷、储热、储氢等的安装咨询、运维托管业务，以及光储充一体化业务、分散式风电＋储能业务、风光储业务、分布式能源交易等组合式业务将得到一定程度的推进。

能源互联网特征二是跨系统——多能互补。在能源互联网发展环境下，通过打破原本相对独立的能源系统，可实现跨系统耦合互补。电、热(冷)、气等不同能源系统在可存储性、时间惯性、传输损耗特性等方面存

在一定差异化特征，终端用户对不同能源品种的需求峰谷分布特性也有所不同，因此不同能源品种间存在协调互补潜力。

能源互联网特征三是跨地域——空间互联互济。在空间维实现互联互通是各种网络的基本属性，更是能源互联网的重要特征。不同地域间在能源资源条件、负荷需求特性等方面存在一定互补性，可通过能源互联网实现供需动态平衡，促进资源大范围优化配置。特别是在未来高比例新能源场景下，风电、光伏发电出力具有较强的波动性、随机性与反调峰特性，通过扩大联网范围，可有效平抑波动，实现等效调峰效果。

能源互联网功能形态发展演进，将重塑客户侧的能源系统和能源服务业态，使综合能源服务朝着"电气化、智能化、平台化"方向加速演变。

以电为中心将成为综合能源服务发展的根本遵循。电能在计量、控制、转换、消费等环节具有显著优势，随着终端电气化水平的不断提升，电能将成为未来能源互联网构建的主导型能源。基于电能可以向客户侧延伸，向多能源品种拓展，有效促进新能源消纳、源网荷储协调互动和多能互补集成提效。围绕电能可以面向客户提供多种优质增值服务，包括增量配电网建设及运营、分布式清洁能源发电、电能替代、节电服务、电能监测与质量管理、电力运维、配售电等服务，市场前景广阔。众多综合能源服务商均看好以电为中心的综合能源服务，正在积极进行战略布局，以创造增量价值。

先进信息技术将成为综合能源服务的关键技术。能源互联网构建将深度结合先进信息技术，尤其是客户侧综合能源系统。物联网技术推动终端能源设备的广泛接入和深度感知，促进设备从"单体式"向"集成化"转变，由此形成的海量数据信息在大数据、云计算和人工智能等技术的"精准解读"下，将使能源服务业务形态从"人工经验"向"自动智能"升级，使管控更精细、响应更迅速、服务更高效，进而催生各种新模式、新业态。综合能源服务将以面向智能家居、智能建筑、智能工厂、智能交通、智慧城市等应用场景提供系统性解决方案作为核心业务，培育市场竞争力，推动业务形态的转型升级。

"平台＋生态"方式将成为综合能源服务的主要发展模式。随着能源系统功能形态向能源互联网升级，能源产业组织形态也将随之变化，各专业间技术壁垒将逐步打破，传统的电力、燃气、热力公司将纷纷转型升级为能源互联网企业，并面向终端客户提供电、热、冷、气等多能源的一站式服务。市场需求引导综合能源服务朝着合作共赢方向发展，通过打造平台生态，将推动科技创新、加强能力互补、共同做大市场。由综合能源服务商作为资源整合者，推动产业上下游和跨专业业务合作，带动其他能源企业、信息科技企业、装备制造企业、规划设计单位、工程公司等发挥各自优势，形成利益共同体，促进能源领域由"管道型经济"向"平台型经济"、产业组织由"分散式"向"生态式"转型升级。

本章小结

本章从政策、经济、社会以及技术等维度着手，全面刻画综合能源服务的发展环境，并对发展环境进行展望。主要结论如下：

（1）国家出台的能源改革政策、规划政策、财税政策、价格政策等，都在深深地影响着综合能源服务的发展。能源体制改革推动能源市场化进程，政策红利释放，市场壁垒突破，是催生综合能源服务这一新业态的土壤。能源规划及产业政策是培育综合能源服务业务的重要力量。价格补贴政策引导产业发展方向，直接带动了相关领域的投资强度和盈利水平。

（2）我国经济由高速增长阶段转向高质量发展阶段，经济结构不断优化调整，促使我国能源发展已进入从总量扩张向提质增效转变的全新阶段，新动能成为保持经济平稳增长的重要动力，宏观经济高质量发展的良好环境，为综合能源服务产业发展创造了宝贵的历史机遇。

（3）服务业对经济增长的贡献持续提升，新兴服务业保持快速增长。服务业代表着消费为主导的经济模式，服务业越发达，代表人民的生活水

平越高，对商品和服务的需求越大，对高品位能源和高品质能源服务的需求也将随之增加。

（4）我国各区域产业结构调整。东部地区是"第一梯队"，驱动综合能源服务向"绝对保量保质、高度差异化竞争、重视用能体验"的方向发展。中部地区和东北地区是"第二梯队"，驱动综合能源服务向"保持低成本优势、形成规模效应、促进产业转型"的方向发展。西部地区是"第三梯队"，驱动综合能源服务向"注重生态环保、推广自助服务、发展远程业务"的方向发展。

（5）我国能源产业发展方向使综合能源服务呈现以下特点：一是综合能效提升将成为综合能源服务的主要业务，二是电动汽车服务和建筑多能服务将逐步发展起来，三是以电为中心的综合能源服务具有持续生命力，四是分布式能源服务保持稳定增长，五是碳交易、碳减排、碳捕集等业务开始萌芽。

（6）我国消费将保持高速增长，消费转型升级态势明显。对于能源商品及服务，消费者希望有更丰富的选择、更全面的共享、更智能的决策，即能源消费者从被动接受向主动选择转变，更注重消费体验；能源消费者向产消者转变，推动能源共享经济发展；能源消费者青睐用能决策复杂化与智能化。

（7）我国城镇化率不断提升，建筑面积和能耗持续增长，建筑冷热供应服务和节能服务需求旺盛。城镇化带来新增建筑用能空间和综合能源服务市场空间。新增建筑用能空间2020～2021年约为3000亿元。改造市场以北方清洁供暖地区为主，南方地区为辅。

（8）生态保护迫在眉睫，能源是低碳经济的关键，低碳社会将依托低碳能源实现绿色经济的发展。低碳能源具有两大突出特点：一是能源利用效率极大提高，二是无碳及可再生能源发挥重要作用。社会公众对清洁低碳能源的需求驱动清洁能源服务业务的发展。

（9）我国技术创新进入活跃期。综合能源服务相关技术大体分为五个方面：分布式能源生产技术、能源配置技术、能源储存技术、能源消费及综合利用技术、"能源＋互联网"技术等。任何一类技术进步，均会催生客户的新需求，为综合能源服务产业提供发展动力，提升其市场潜力规模。

（10）能源系统形态向能源互联网演进，其核心特征是破除壁垒、提高效率，通过在环节、系统、地域三个不同维度上融通融合。能源互联网发展将重塑客户侧的能源系统和能源服务业态，使综合能源服务朝着"电气化、智能化、平台化"方向加速演变。

第八章　综合能源服务产业发展前景展望

第一节　综合能源服务业务发展演变

一　业务发展脉络

根据综合能源服务业务发展驱动力和综合能源服务宏观环境发展情况进行研判，未来综合能源服务业务发展演变呈现"三大脉络"。

脉络一是围绕客户服务品质升级，应用新技术/新模式，将服务向客户内部延伸，提升能源的智慧性、便捷性。综合能源服务以客户为中心，以提升客户收益或满足感为目标。围绕客户需求以及客户用能的疑点、难点、痛点，提供专业化能源服务是未来重点发展方向。因此，综合能源服务业务将从当前的用能监控、节能服务、专业运维、能源购售服务等业务，继续延伸能源数据增值服务、能源市场化交易服务、碳交易服务等业务。

脉络二是基于电的拓展延伸：针对新型用电方式、电力辅助服务等，逐步拓展业务。随着电力市场化改革的深度推进，以及电能在能源互联网中角色的重要性提升，基于电能的综合能源服务将进一步拓展延伸。近期，热泵、电蓄冷热、充电桩、储能、市场化售电等业务得到了快速发展，中远期，面向建筑的绿色能源系统、智慧家居、全电厨房等业务，面向交通的光储充一体化、电池梯次利用等业务，将得到快速发展。

脉络三是适应能源分布式发展趋势：**从单一分布式能源逐步升级为分布式综合能源系统，为客户提供整体解决方案**。当前分布式光伏、分布式生物质、分布式风电、余热余压利用、分布式天然气三联供等可再生能源的生产供应是重点业务，综合能源服务商纷纷进入，开展投资、规划、设计、建设、运营等业务。随着终端系统的集成化升级，未来将以园区能源一体化供应、建筑绿色能源系统、家庭智慧能源系统为主导，整合区域内电能、冷能、热能、天然气、新能源等多种能源资源，实现多异质能源子系统的协调规划、运行优化、管理协同、交互响应和互补互济，满足客户多样化用能需求。

二 能源一体化供应

能源一体化供应服务指基于已有能源系统升级改造或新建的区域综合能源系统，通过多能互补、集成优化等方式，经济、绿色、高效地满足客户的多种用能需求。

能源一体化供应是综合能源服务的发展方向。一体化供应能够有效提升综合能效，同时实现土地等资源集约利用，具有经济、环境、社会等多重效益，并得到政策大力支持。从提升能效角度看，热泵、冷热电三联供等能源一体化供应技术能够提升能源利用效率，基于互联网信息技术的能源一体化管控平台能够提升能源系统运行效率。从节约资源角度看，采用综合管廊、多表合一等一体化规划设计技术能够实现基础设施统筹建设、土地等资源集约利用。从政策支持角度看，国家鼓励终端能源一体化发展，大力推动产业园区能源一体化供应。2016年7月，发展改革委、能源局《关于推进多能互补集成优化示范工程建设的实施意见》中提出，到2020年，各省（区、市）新建产业园区采用终端一体化集成供能系统的比例达到50%左右，既有产业园区实施能源综合梯级利用改造的比例达到30%左右。

存量市场和增量市场具有不同的建设条件和产权约束，发展能源一体化供应服务应采用不同模式：存量市场主要基于现有能源系统，力求对不同能源设备的一体化运营管理，以轻资产方式创造效益；增量市场打破行业壁垒，沿着规划设计、投资建设、运营管理全环节一体化路径推进，以重资产方式全面满足客户需求[19]。

1. 存量市场轻资产一体化

对于存量市场，若已有能源系统的产权较为分散，可依据客户的不同需求提供定制化服务；若产权较为集中，可以提供运营管理一体化服务，采用"管控平台＋新增设施＋部分改造＋专业服务"四位一体的模式，如图 8-1 所示。该模式以构建综合能源管控平台为切入点，以开展能源统一管理和专业运营服务为核心，辅助开展节能改造和新建绿色高效设施。

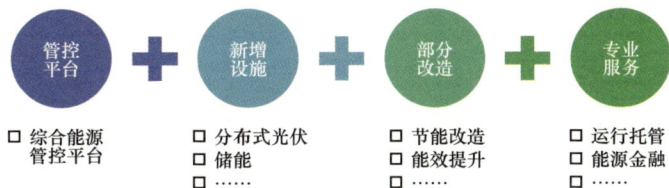

图 8-1　存量市场轻资产一体化模式

2. 增量市场重资产一体化

对于增量市场，需要重点做好系统架构、规划设计、合作方式、运行方式四个方面（如图 8-2 所示）。

(1) 要灵活选择系统架构。能源一体化供应系统包括两部分，外部由大电网提供支撑，内部为区域综合能源系统。该综合能源系统一般分为以电为源头和以气为源头两种模式，也存在混合模式。以电为源头的模式能够在大电网供电的基础上集成分布式光伏、热泵、储能等元素，适用于新增工业园区和公共建筑。以气为源头的模式主要基于分布式天然气热电联产（含冷热电三联供），将大电网作为备用，适用于在气价较低、政府补贴力度大的地区或者传统工业园区。

（2）**规划设计过程中应遵循三方面原则。一是统筹考虑内外部能源资源**，对外部电网、气网供应能力和当地光伏、地热等能源资源禀赋进行综合考虑，以经济、绿色、高效、可靠为导向，进行综合能源系统规划设计。**二是基于负荷增长进行多阶段规划**，充分考虑负荷增长时序与综合能源系统规划的匹配关系，实行多阶段规划，确保综合能源系统在各阶段均能够满足终端能源需求，并且具有较好的经济性。**三是强化各类资源集成融合规划**，推进物理信息融合，增强综合能源系统的可感、可观、可控性，提升智能化水平；推进工程管线等的一体化，促进资源集约利用。

（3）**积极开展多元化合作**。可依托项目公司聚合多方资源，灵活采用多元股权投资、混合所有制等形式投资建设综合能源服务项目，促进技术、产品、资金、属地资源等方面的优势互补，实现共建共享。

（4）**在系统运行过程中把握三个要点。一是数据驱动，实现精细化管理**。基于能源数据，利用大云物移智等先进技术，对负荷进行精准预测，形成科学的能源系统运行计划。**二是市场化配置，提升经济效益**。基于外部电力市场、天然气市场、辅助服务市场等的价格信号，进行动态响应，灵活调整系统运行状态，降低客户用能成本。**三是多能互补，提升综合能效**。通过智能调度，优化运行，满足客户对电、热、冷、气等的多元用能需求，实现安全供能前提下的效益最大化。

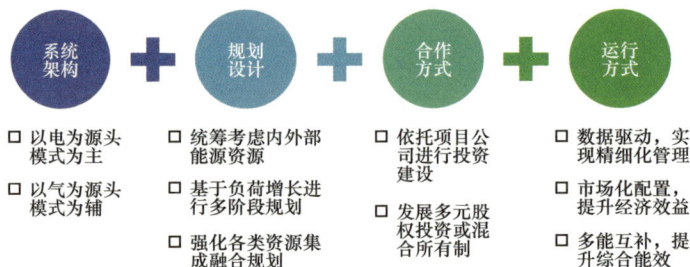

系统架构 ＋	规划设计 ＋	合作方式 ＋	运行方式
□ 以电为源头模式为主	□ 统筹考虑内外部能源资源	□ 依托项目公司进行投资建设	□ 数据驱动，实现精细化管理
□ 以气为源头模式为辅	□ 基于负荷增长进行多阶段规划	□ 发展多元股权投资或混合所有制	□ 市场化配置，提升经济效益
	□ 强化各类资源集成融合规划		□ 多能互补，提升综合能效

图 8-2　增量市场重资产一体化模式

第二节　综合能源服务的市场潜力预测

一　测算模型构建

综合能源服务市场测算模型基于生命周期理论，由三大模块组成：**宏观环境分析模块**明确影响业务发展的外部条件，设定情景方案；**市场调查分析模块**调研行业现状，研判发展态势，确定关键参数；**模拟预测模块**拟合生命周期曲线，预测潜力规模，如图 8-3 所示。

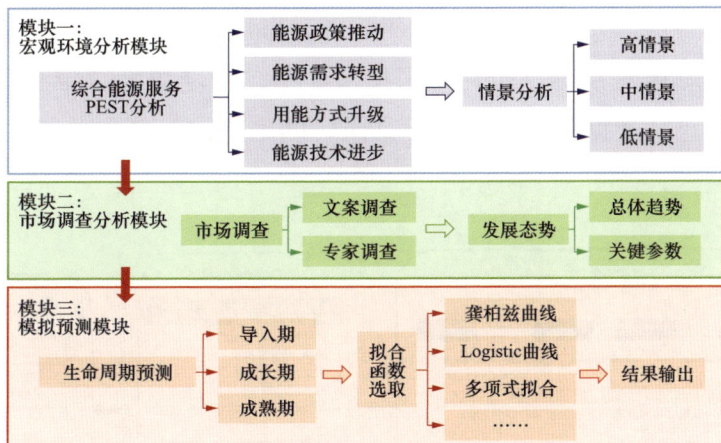

图 8-3　综合能源服务市场潜力测算模型

1. 模块一：宏观环境分析模块

基于宏观环境分析模型（PEST 模型），构建综合能源服务宏观分析模型（IES-PEST 模型），包括能源政策推动、能源需求转型、用能方式升级和能源技术进步等四个分析维度，如图 8-4 所示。通过四维度分析，设置高、中、低三个情景方案。

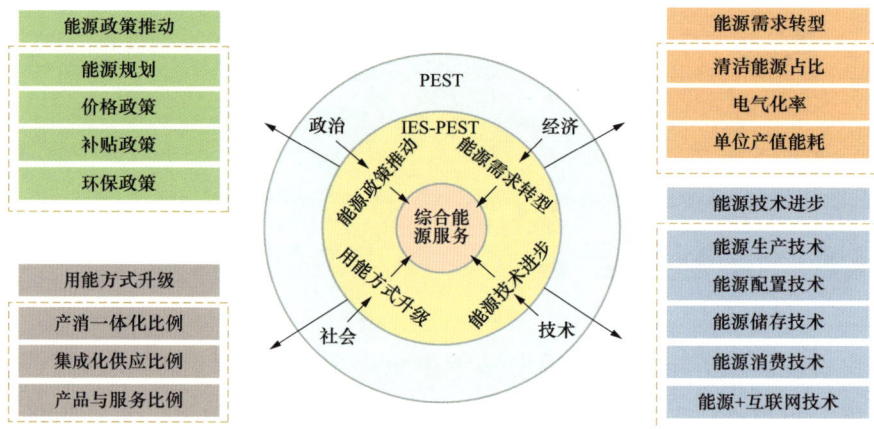

图 8-4　宏观环境分析模块示意图

2. 模块二：市场调查分析模块

市场调查包括文案调查法和德尔菲法，重点调查国家规划、权威报告、机构和知名专家观点等，研判未来发展趋势。梳理统计数据和预测数据，根据模块一进行数据筛选，剔除异常点，确定总体趋势和关键参数，作为模块三的输入，如图 8-5 所示。

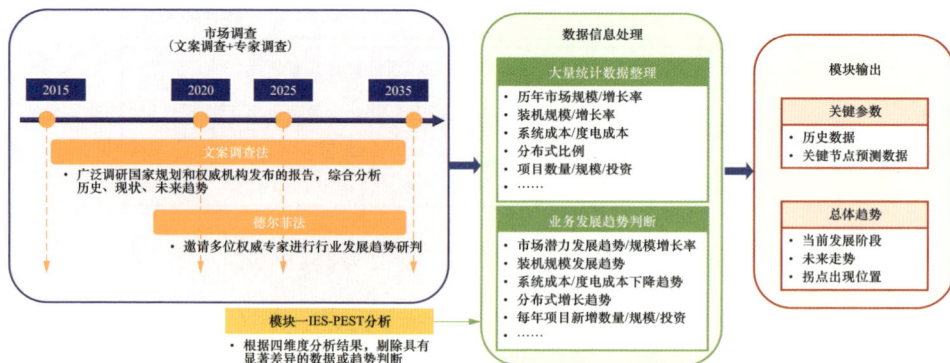

图 8-5　市场调研分析模块示意图

3. 模块三：模拟预测模块

以模块一的情景和模块二的数据作为输入，选择多种函数进行拟合，根据拟合精度（R^2）和业务特征，确定合适的生命周期曲线，进行多情景市场潜力测算。明确各业务在 2020、2025、2035 年所处的发展阶段及市场规模，如图 8-6 所示。

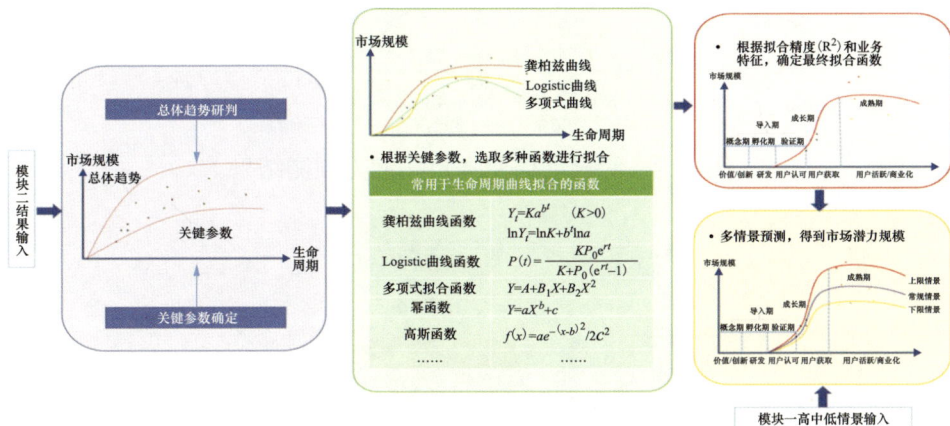

图 8-6　模拟预测模块示意图

二　综合能源服务市场潜力

根据模型进行测算，结果表明，综合能源服务市场潜力空间巨大，近期是千亿级市场，远期是万亿级市场。从业务角度测算，综合能源服务市场潜力 2020 年约为 0.5 万亿～0.6 万亿元，2025 年约为 0.8 万亿～1.2 万亿元，均处于快速成长期；2035 年约为 1.3 万亿～1.8 万亿元，开始步入成熟期，如图 8-7 所示。

从终端能源需求角度测算，重点考虑以分布式能源和集中式供应方式满足的冷、热、电、气终端需求的潜力，如图 8-8 所示，结果表明：综合能源服务市场潜力在 2020、2025、2035 年分别约为 0.8 万、1.7 万、2.6 万亿元，与从业务角度测算得到的市场潜力结果基本吻合，见表 8-1。

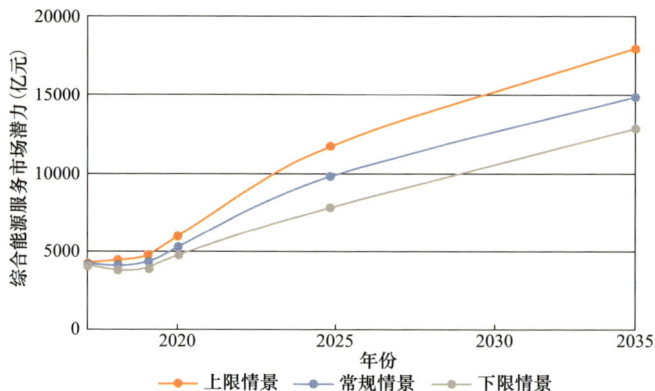

图 8-7 综合能源服务市场潜力预测结果

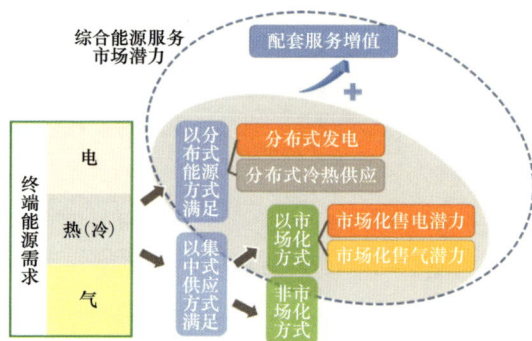

图 8-8 终端能源需求角度市场潜力测算方法示意图

表 8-1 终端能源需求角度市场潜力测算主要参数及结果

项　目	2020 年	2025 年	2035 年
市场化售电市场潜力（亿元）	49	65	98
分布式发电市场潜力（亿元）	3382	9869	15840
分布式供热市场潜力（亿元）	2905	3412	3077
市场化售气市场潜力（亿元）	190	307	625
配套服务增值比例（％）	20	25	30
市场潜力（万亿元）	0.8	1.7	2.6

注 市场潜力＝（市场化售电市场潜力＋分布式发电市场潜力＋分布式供热市场潜力
＋市场化售气市场潜力）×（1＋配套服务增值比例）

第三节　综合能源服务的市场竞争格局演变

综合能源服务市场汇集了电网公司、燃气公司、发电公司、地方能投公司、节能环保公司、设备制造公司、互联网公司等。这些企业纷纷向综合能源服务商转型升级，市场竞争格局快速演变，如图 8-9 所示。

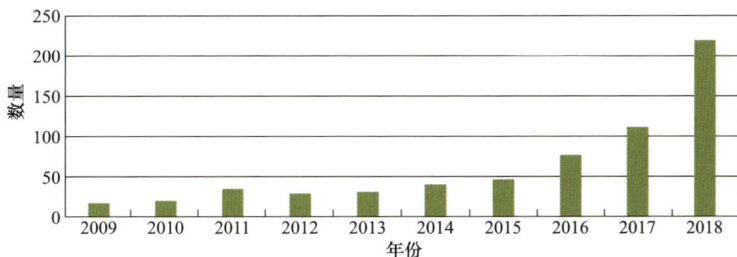

图 8-9　以"综合能源"命名的年度新增注册企业数量❶

一　竞争者："业务、客户、地域"的三维竞争

在市场中，**提供相同或类似的产品、应用在相同或类似的场合、在同一个地域市场中销售，即成为竞争者**。综合能源服务业务广泛，渗透在设备制造、规划、设计、建设、运营等各个环节，每个环节都有诸多能源服务企业，在"业务、客户、地域"三个维度的相似程度逐步提升，竞争日趋激烈。

从业务维度看，电网公司、发电公司、燃气公司、地方能投公司等是最主要的投资公司，也是最有力的竞争者。规划设计院、工程公司、设备制造商等供应商处于产业链上游，分别提供不同类型的产品和服务。投资

---

❶　数据来自"天眼查"。

公司和各类供应商在整个能源产业链条上各司其职，彼此不构成竞争关系。但随着综合能源服务的快速发展，各类主体都依托主业优势向客户侧业务延伸，抢占市场份额与客户资源，未来彼此将成为竞争者（如图8-10所示）。

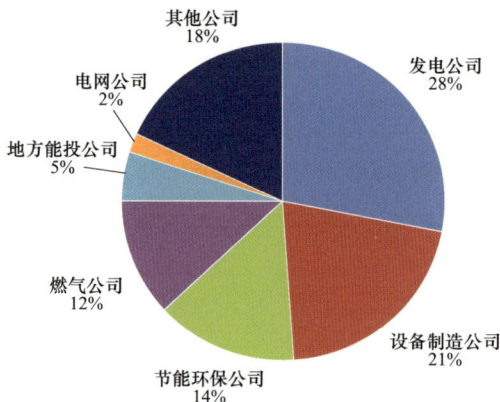

图 8-10　综合能源服务市场竞争者类别

从客户维度看，传统能源服务商向社会各类用能主体供能，综合能源服务商目前重点营销用能量大且稳定、支付能力强的工业园区和公共建筑等优质客户，竞争目标相对集中。从国际经验来看，欧洲、澳大利亚、美国、日本的能源服务商已经在布局居民客户，试图优先掌控这一"长尾市场"，国内或将延续此种由大型集中式工业企业和公共建筑向小型分散化居民客户拓展的趋势。大部分竞争者均能有效介入各类客户，因此从客户维度看，各类市场参与者均是竞争主体。特别是以互联网企业和高新园区管委会为主要代表的新进入者，在获取客户方面具备一定的渠道优势，具备较为明显的竞争力。

从地域维度看，据电网公司不完全统计，综合能源服务市场竞争者数量（除售电公司）约300余家，如图8-11所示。其中华北和华东地区共占67%，是竞争最激烈的区域，主要竞争者类包括清洁能源发电公司、设备制造公司、节能环保公司、燃气公司等。传统能源行业地域属性较强，电网公司、发电公司、燃气公司、地方能投等都有相对固有的属地，多凭借属地化优势开展竞争；但综合能源服务市场早已突破地域藩篱，如南方电网综合能源股份有限公司成立上海分公司，四川能投分布式能源有限公司成功中标武汉天然气分布式能源项目等，跨地域竞争有望升级。曾经因地域隔离而可能未构成竞争关系的主体，今后或将成为竞争者。

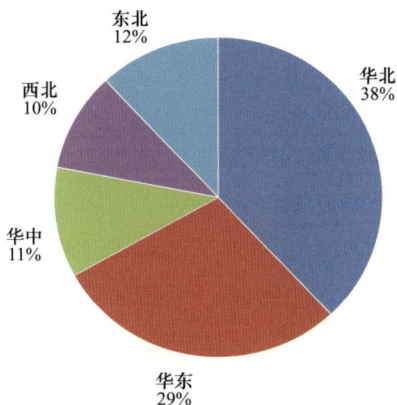

图 8-11　综合能源服务市场竞争者地域分布

（二）　发展趋势：传统能源巨头与互联网新势力的"博弈"

综合能源服务市场主要竞争者分析如图 8-12 所示。电网公司利用电网资源优势积极拓展配售电、节能电力运维等业务；燃气公司利用燃气资源优势发展分布式天然气三联供等业务；发电公司利用发电技术和资源优势开展分布式发电、售电等业务。地方能投公司利用属地化优势广泛参与多品类能源业务竞争；节能环保企业借助相关政策开展节能服务业务；设备制造企业通过设备销售拓展专业运维等业务。互联网企业凭借信息技术和客户资源优势，从能源数据切入综合能源服务领域；高新园区或经济开发区管委会凭借政府背景和客户资源，参与园区综合能源服务项目。

随着时间的推移，综合能源服务市场竞争格局将不断动态深化，最终形成相对成熟稳定的竞争市场。竞争者将分为优胜者、参与者、生存者等

电网公司	主要业务	配售电、节能、电力运维等
	优势	拥有电网资产、客户资源、先进电网技术
	劣势	天然气资源技术缺乏，政府支持有限，体制不灵活

燃气公司	主要业务	分布式天然气三联供等
	优势	拥有燃气资产、客户资源、燃气价格优势、燃气技术
	劣势	缺乏燃机核心技术，不具有电力资源

发电公司	主要业务	分布式发电、售电等
	优势	拥有发电资产、先进发电技术、电力价格优势
	劣势	天然气资源技术缺乏，客户资源有限

地方能投公司	主要业务	分布式发电、分布式天然气三联供、能源投资等
	优势	具有多品类能源投资、建设、运营经验和属地化优势
	劣势	不具有广泛的客户资源，不掌握核心能源技术

节能公司	主要业务	能耗监控及诊断、设备节能改造等
	优势	具有节能环保技术，具备一定客户资源
	劣势	过分依赖政策扶持，发展规模受限

设备公司	主要业务	设备销售、设备运维等
	优势	具有设备生产技术、价格优势，拥有一定客户资源
	劣势	不掌握能源资源

互联网企业	主要业务	用能系统监控与开发、能源大数据等
	优势	拥有商业平台、先进互联网技术、客户资源、先进商业模式、灵活融资渠道等
	劣势	不掌握能源资产、设备、技术，易受到能源企业的排斥，无政府背景

开发区管委会	主要业务	辖区内综合能源服务投资和管理等
	优势	具有政府背景，是园区规则的制定者，掌握客户资源
	劣势	不掌握能源资产、设备、技术，地域局限，难以形成规模效应

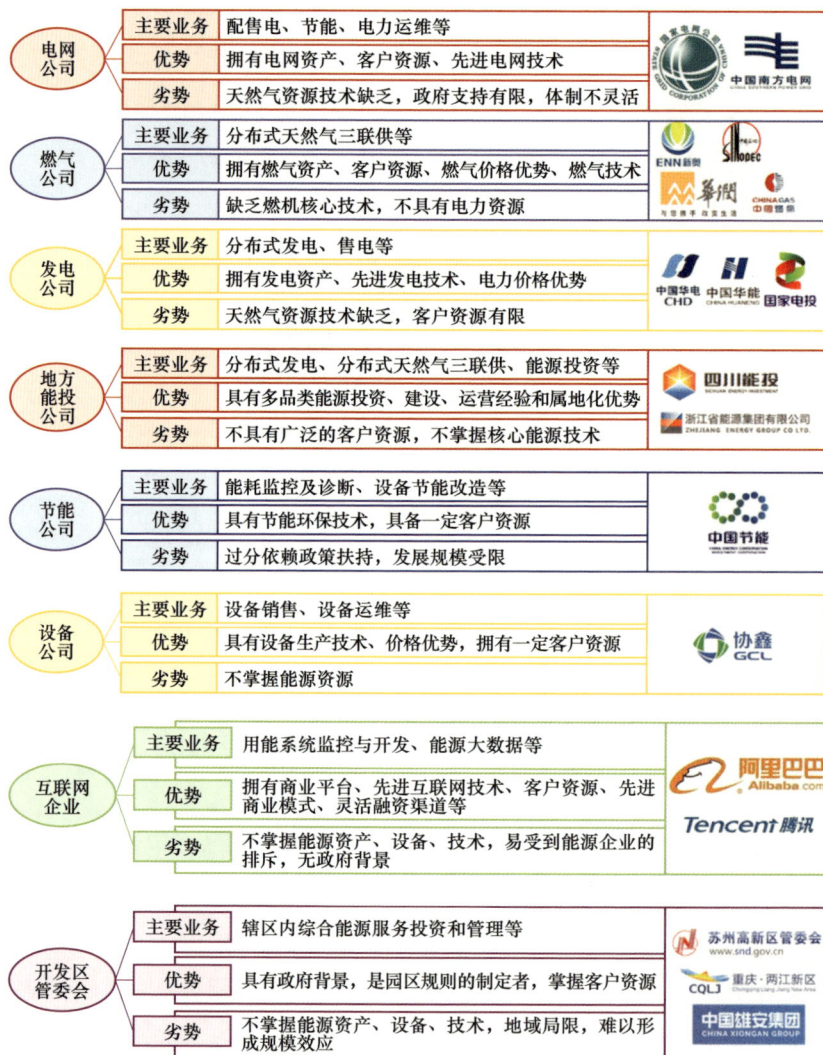

图 8-12　综合能源服务市场主要竞争者分析

三大类，其中，优胜者是指可对市场变化产生重大影响的企业，市场占有率一般在15%～35%范围内。

优胜者要保持持续竞争优势，必须与其他竞争者保持信息非对称性和资源异质性，并且掌握使用独特资源的独特能力。

电网公司具有"电""网"双资源，燃气公司和发电公司分别掌握气源和电源，价值创造方式和市场策略难以被其他竞争者快速效仿，同时，这类公司却可以模仿其他竞争者的价值链配置方式，使经营效率更高于其他竞争者。由此推断，这些类型竞争者或将成为综合能源服务市场中的优胜者。

互联网公司是最具竞争力的新进入者，是未来综合能源服务市场发展的不确定因素。互联网公司以平台性业务为主，具有先进的信息技术和海量的客户群体，如果能够抓住时代机遇，获取能源数据信息，顺利切入能源平台型业务，最有可能横空出世、独占鳌头，成为综合能源服务平台型企业，整合其他竞争者，跻身优胜者之列。

其他类型竞争者将凭借各自不同的优势参与市场竞争，由于当前不具备成为优胜者的潜力，随着综合能源服务技术壁垒的不断提升，未来将成为市场参与者或生存者。表 8-2 所示为竞争者趋势演变预测。

表 8-2　　　　　　　　　　竞争者趋势演变预测

竞争者类型	趋势演变预测
电网公司	重点开展以电为中心的综合能源服务，掌握电网资源和先进电力技术。据预测，随着再电气化的推进，我国电力消费将逐年增加，于 2050 年达到能源消费量的 50%，成为主导能源，加之 2035 年能源互联网时代来临，电网是智能化网络型平台，电网企业最有可能成为能源平台型业务的主导者
燃气公司	重点开展以气为中心的综合能源服务，掌握天然气资源和技术。我国天然气消费量将于 2040 年前后达到顶峰，燃气业务具有一定的发展前景，燃气公司市场份额有望快速增长，成为优胜者
发电公司	掌握电力生产资源，具有发电成本低、发售一体化优势，较早开展新能源发电、天然气三联供等业务，具有较好的发展空间，有望成为优胜者
互联网公司	掌握信息技术、客户资源、融资渠道等，一旦从能源数据等方面切入综合能源服务领域，形成综合能源服务平台经济体，有望跻身优胜者之列，否则将成为普通参与者

续表

竞争者类型	趋势演变预测
地方能投公司	具有属地化优势易获得当地政府支持，融资能力强，业务类型广泛，但受到地域局限，未来将保持参与者地位，市场份额将趋于平稳
节能环保公司	掌握先进的节能环保设备和技术，受益于强制性环保政策，专业性强的企业具有较长生命力，保持参与者地位，技术门槛低的节能环保企业将成为生存者
设备制造公司	具有设备生产安装运维一体化的优势，可广泛参与综合能源服务业务，产品创新速度快和服务质量高的企业市场份额会相对稳定，保持参与者地位，其他企业将成为生存者
高新园区/开发区管委会	掌握政府资源和客户资源，具有融资优势，是所有竞争者抢占园区市场优先合作的伙伴

当前，在普遍看好综合能源服务产业发展的形势下，主要竞争者将依据自身资源优势，采取相应竞争策略，在最短时间内扩大市场份额，抢占市场主导地位。可以预期，综合能源服务市场将迅速由"蓝海"转变为"红海"。但需要看到的是，不同竞争者之间由于受制于传统行业壁垒、技术升级瓶颈等客观因素，在不同的细分市场具有"比较优势"。

从整个市场的宏观角度而言，诸多竞争者在具有"排他性"的同时也具有"互补性"。综合能源服务商在进行"激烈竞争"的同时，应积极寻求"广泛合作"的空间，在产业链和价值网中实现"互补互利"，共谋市场、共建生态，做大综合能源服务市场规模和利润空间，共同实现更大的收益。届时，综合能源服务市场将更快实现行业壁垒和技术瓶颈的突破，在能源的"全生命周期"实现真正的"综合"，最终推动能源领域实现由传统能源产销向综合能源服务转型升级的重大变革。

第四节　综合能源服务平台商业模式

近年来，平台经济已成为全球创新和产业升级的新引擎，全球十大平台经济体市值在 2017 年 7 月已经超过十大传统跨国公司，越来越多的商业实体从"管道结构"转向"平台结构"，"平台经济"正在颠覆"管道经济"。平台经济更是中国经济实现转型升级和高质量增长的新蓝海，德勤预计到 2030 年中国平台经济规模将会突破 100 万亿元。

随着能源互联网时代的到来，连接能源供应商、消费者、产品服务、货币或其他价值的能源平台商业模式方兴未艾。作为能源领域产业变革的新动力，综合能源服务面向终端提供集成式创新性能源解决方案，是能源、信息、客户、资本的"整合方"，将成为能源领域平台商业模式的"先行者"。

一　四大要素

平台的价值正是在于"核心交互"，即生产者和消费者在平台上广泛交换信息、商品服务、货币或其他价值。"平台商业模式"由四大关键要素组成，分别是过滤器、价值单元、供应商、消费者。这四大关键要素的变化影响着综合能源服务"平台商业模式"的发展。

过滤器：改变市场信号传导途径。当海量用户接入平台，海量能源信息汇入平台，网络效应逐步形成，市场信号的发出者将逐渐从客户转向平台或供应商，从而大大提升了信号传导的效率，更精准、更超前地解决客户能源问题。在大部分客户还未意识到自己需要哪些能源服务时，能源服务商已经站在客户门口奉上综合能源解决方案，将客户的用能问题消除于无形，正所谓"治未病"。

价值单元：重构价值创造方式。 传统"线性价值链"依赖于独特物质资产的价值交换和传递。随着平台不断汇入客户、供应商、产品和服务、资本和货币，"化学反应"将不断产生，平台价值必将重构。独特物质资产仍然是价值创造的核心基础，但与此同时，进入"消费者-生产者网络"以及获取交互途径，也是重要价值的体现。依托物联网，形成实体与数字化能源系统的结合、线上线下业务的融合，将成为新的价值创造方式。

供应商：促进闲置产能利用。 平台经济分享的前提是许多物品在大多数时间是闲置，例如光伏、风电、水电的过剩产能，或者大容量能源系统或设备的裕度空间，再或者用能设备的闲置时间。平台将解封这些闲置产能，挖掘潜在客户，创造价值空间。

消费者：产生新型消费行为。 平台经济的到来正在颠覆着传统的消费行为，平台建立起信任度构建机制，使更多的人可以数年前无法想象的方式来享用产品及服务。平台可以借助数据工具创建客户反馈回路。通过平台汇聚消费者对供应商服务的评价，市场主体的交互将变得越来越高效。能源虽然是经验性产品，但随着能源供应终端市场化进程不断推进，在平台上建立起积极反馈和品牌信任日益重要。

二　平台定位

综合能源服务平台应定位为服务商和消费者的"赋能平台"，瞄准宣传推广、产业链金融、共享运维、业务底层物联网解决方案等具有规模效益的关键环节，构建平台化支撑，形成多层次赋能体系。

浅层赋能，即促进供需匹配，为服务商引流。 通过建立连接客户和服务商的供需撮合平台，降低供需双方间的信息壁垒。供应端为服务商提供线上的产品与服务展示窗口，吸引需求端大量客户上线查看和对比，进而依据客户检索、浏览等数据，分析识别其需求，以智能推送等方式为服务商有效引流。

中层赋能，即打造产业链关键环节支撑，促进上下游协同，加速行业整体发展。综合能源服务项目落地涉及咨询诊断、规划设计、项目融资、建设管理、运营维护等环节，其中项目融资、运营维护等环节具有规模效益。通过聚合相关资源，打造专业服务平台，能够为大量聚焦细分领域、具有专业技术优势的企业提供项目落地支撑，推动产业链上下游协同发展。

深层赋能，即提供项目底层的物联网解决方案，形成服务商技术、商业创新的基础支撑。综合能源服务项目大多要构建涵盖"监测-传输-计算-控制-展示"的物联网系统，相关信息化投资规模较大且需要专业团队长期维护，制约了中小企业的技术、商业创新落地。通过构建以云计算为核心的物联网标准化解决方案，并向服务商开放相关服务，能够显著降低服务商项目建设成本。

三　平台架构

综合能源服务平台需要包含三层子平台，自上而下分别为交易子平台，金融、运维等支撑子平台，物联网服务子平台，三者有机结合，实现对多层次赋能（如图8-13所示）。

交易子平台类似综合能源服务"淘宝"，具备服务商展示推广和客户需求在线诊断功能。交易子平台为服务商提供线上店铺装修、客服系统、客户分析等模块化配套服务，支持服务商快速入驻。同时平台具有智能诊断系统和专业人工服务，能够使客户初步了解自身能源系统的优化空间和重点，激活潜在需求，提升购买意愿和服务选择的针对性。平台依托供需双方数据，进行定制化推送等服务，提升供需匹配效率。

金融、运维等支撑子平台聚合相关专业企业，服务综合能源服务商，

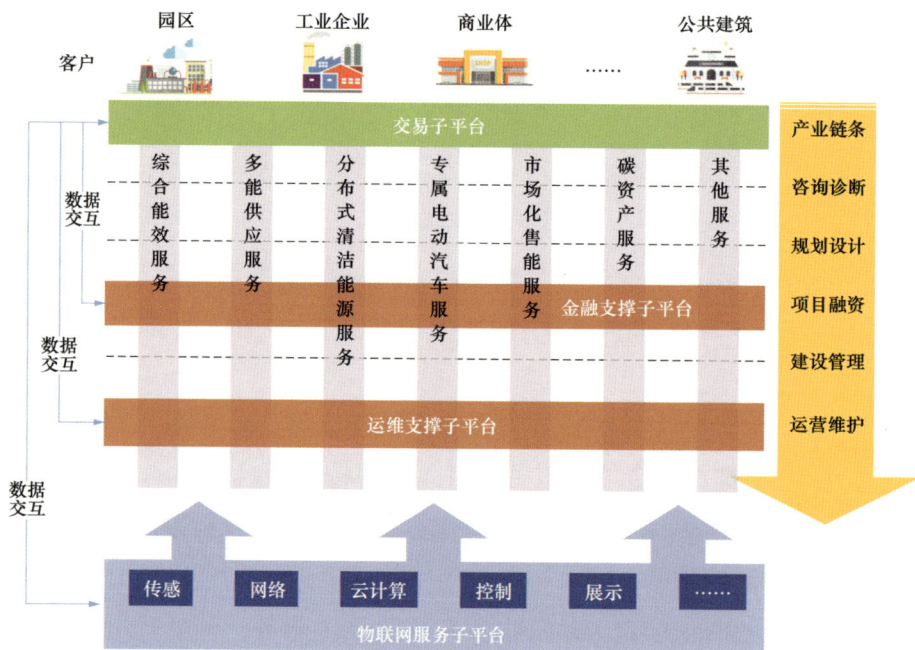

图 8-13　综合能源服务平台架构

通过数据挖掘、资源共享等方式提升服务效率。金融支撑子平台与交易子平台进行数据交互，基于交易信息、客户评价信息等构建覆盖产业链的信用评价体系，合理评估服务商信用状况，深入开展产业链金融服务。运维支撑子平台聚集各类专业化运维企业，通过与交易子平台的数据交互，使综合能源服务商能够快速购买项目属地运维企业提供的专业服务，避免自建大量运维团队；运维企业通过面向多个项目共享运维能力，提升服务效率，降低服务成本。

物联网服务子平台具有物联网建设能力和基础开发系统，支撑构建满足综合能源服务商需求的端到端解决方案。物联网服务子平台采用统一的建模、接口、通信等标准，具有传感、网络、云计算、控制、展示等物联网模块，通过与交易子平台的数据连接，能够为服务商提供基础开发系统或成熟的定制化端到端解决方案，支撑服务商商业方案快速部署。

四　三重挑战

目前，综合能源服务"平台商业模式"仍处于初级阶段，面临"三重挑战"，亟须行业形成发展合力，寻求突破。

"线性价值链"仍占绝对主导，实现了"管道升级"，但未实现"平台革命"。传统企业推动能源资源在线性价值链上移动并增值，最终输送给能源消费者，类似于"管道"。目前，高效的"管道"已淘汰低效的"管道"，即智能电网实现了对传统电网的改造，但连接能源供应商、消费者、产品服务、货币或其他价值的能源"平台"模式尚未颠覆"管道"模式。

信息在能源领域中的作用没有得到充分发挥，能源信息多处于"封闭状态"。一般来讲，如果一个行业中信息扮演了重要的角色，那么这个行业就会成为平台商业模式颠覆的候选者。能源行业是重资产行业，且能源商品同质化程度较高，能源供需和传输受物理系统影响较为深远，供给的可靠性和安全性往往优先于灵活性和互动性，信息的重要程度还未凸显。与此同时，能源信息多处于"封闭状态"。能源行业涉及民生和社会稳定，能源信息主要掌握在大型国有企业手中，出于安全责任考虑，能源信息保密程度较高，几乎不对外界提供访问接口，一定程度上限制了能源领域平台商业模式的发展。

能源领域需求规模经济尚未形成。在平台商业模式中，需求侧将形成合力，利用信息技术产生积极的网络效应，在市场中具有一定的引导和议价能力。但当前能源企业仍在依靠供应规模经济带来的成本优势参与市场竞争，这是工业经济的特征。能源领域需求规模经济亟待形成。

本章小结

本章从业务发展、市场潜力、市场竞争格局、平台商业模式等维度对综合能源服务产业的前景进行了展望。主要结论如下：

（1）根据综合能源服务业务发展驱动力和综合能源服务宏观环境发展情况进行研判，未来综合能源服务业务发展演变呈现"三大脉络"。脉络一是围绕客户服务品质升级，应用新技术/新模式，将服务向客户内部延伸，提升能源的智慧性、便捷性。脉络二是基于电的拓展延伸，针对新型用电方式、电力辅助服务等，逐步拓展业务。脉络三是适应能源分布式发展趋势，从单一分布式能源逐步升级为分布式能源系统，为客户提供整体解决方案。

（2）能源一体化供应是综合能源服务的发展方向。能源一体化供应服务指基于已有能源系统升级改造或新建的区域综合能源系统，通过多能互补、集成优化等方式，经济、绿色、高效地满足客户的多种用能需求。其两种模式为存量市场轻资产一体化和增量市场重资产一体化。

（3）综合能源服务市场近期是千亿级市场，远期是万亿级市场。通过自主构建的综合能源服务市场潜力模型，得到综合能源服务市场潜力，2020 年约为 0.5 万亿～0.6 万亿元，2025 年约为 0.8 万亿～1.2 万亿元，均处于快速成长期；2035 年约为 1.3 万亿～1.8 万亿元，开始步入成熟期。

（4）综合能源服务业务广泛，渗透在设备制造、规划、设计、建设、运营等各个环节，每个环节都有诸多能源服务企业，在"业务、客户、地域"三个维度的相似程度逐步提升，竞争日趋激烈。

（5）电网公司具有"电""网"双资源，燃气公司和发电公司分别掌握气源和电源，价值创造方式和市场策略难以被其他竞争者快速效仿，或将成为综合能源服务市场中的优胜者。互联网公司是最具竞争力的新进入者，是未来综合能源服务市场发展的不确定因素。互联网公司如果能够抓住时代机遇，获取能源数据信息，顺利切入能源平台型业务，最有可能跻身优胜者之列。

（6）综合能源服务"平台商业模式"由四大关键要素组成，分别是过滤器、价值单元、供应商、消费者。过滤器可以改变市场信号传导途径，价值单元可以重构价值创造方式，供应商可以促进闲置产能利用，消费者有望产生新型消费行为。这四大关键要素的变化影响着综合能源服务"平台商业模式"的发展。

（7）综合能源服务平台应定位为服务商和消费者的"赋能平台"，包含三层子平台，自上而下分别为交易子平台，金融、运维等支撑子平台和物联网服务子平台，瞄准宣传推广、产业链金融、共享运维、业务底层物联网解决方案等具有规模效益的关键环节，构建平台化支撑，形成多层次赋能体系。

第九章　综合能源服务发展政策建议

第一节　政府政策建议

综合能源服务是市场化业务，其发展需要良好的政策环境，亟须政府破除管理体制壁垒、推动能源市场改革、加强科技创新。

一　破除管理体制壁垒

多能互补、集成提效是综合能源服务的发展方向，我国条块分割的能源管理体制难以适应能源服务形态升级趋势，亟须优化调整。 从需求端来看，用户期待能源一体化解决方案，以此充分满足自身多元化、个性化的能源需求；从供给端来看，热泵、冷热电三联供等高效的多能转换和互补技术逐渐成熟，构建清洁高效的能源一体化供应方案已具有技术可行性。但是，我国条块分割的能源管理体制制约了综合能源服务发展。企业在开展供电、热、气等多能一体化供应业务时，在规划设计、资质许可办理、项目建设等环节都需要与多个业务归口的政府部门、细分行业上下游分别沟通，进入门槛高，协调成本大。

建议率先在用户侧打破不同能源间的体制壁垒，促进多方竞争。 能源系统终端为竞争环节，打破用户侧不同能源间的体制壁垒，符合能源体制改革"管住中间、放开两头"的总体思路。政府可重点在能源系统终端，

鼓励以多元股权投资、混合所有制等形式进行综合能源系统共建共享，推进能源一体化供应，节约资源，提升能效。选择东部发达地区，对产业园区、大型建筑等加快能源一体化供应示范工程建设，积极探索涵盖规划设计、合作方式、运行方式、商业模式等的综合能源服务典型实践，形成可复制可推广的经验。

建议打通能源信息壁垒，促进能源服务业务数字化转型。出于能源安全的考虑，能源生产信息、客户用能信息等始终未公开，导致能源信息孤岛林立，能源流、信息流、资本流融合程度不足，成为综合能源系统智慧化发展的阻碍之一。政府可通过成立区域性市政数据中心，汇集能源、交通、气象等数据，构建顺畅的能源数据采集、获取、分享、应用机制，为有方案、有能力、有意向的企业提供数据获取渠道，解决技术和模式创新的行业信息壁垒问题。鼓励能源服务商应用大数据分析技术，深度挖掘能源数据的应用，并不断完善综合能源管理和服务平台功能模块，政府协助提供应用场景和技术推广。

二　推动能源市场化改革

综合能源服务是市场化竞争业务，其快速发展需要要素自由流动、价格反应灵活、竞争公平有序、企业优胜劣汰的能源市场体系。完善的市场机制是综合能源服务实现良好发展的制度基础。对于从计划经济一路走来的我国能源事业来说，通过持续全面深化市场化改革，理顺能源价格机制，实现市场要素自由流动，是助力综合能源服务发展的首要任务。

建议深入推进能源市场化"链式改革"和"网式改革"，促进能源综合化发展。当前，电力市场化改革、油气市场化改革快速推进，成效显著。但是，能源产业链是计划与市场交织的不完全市场化产业链，孤立地对某一个环节进行改革都不可能从根本上解决问题，需要进行全产业链市场化改革，一方面推进贯穿能源产品上下游的"链式改革"，另一方面推进融合多能源品种的"网式改革"，而不是条块分割体制下的"点式改革"，才能推动改革进程，使能源产业朝着综合化发展方向迈进。

建议进一步理顺价格形成机制，体现能源真实价值，扩大综合能源服务市场空间。能源价格机制在能源生产经营中的自动调节作用受到多重抑制。建立以市场为主导的价格形成机制，取消政府对非自然垄断领域的价格干预，有助于构建能源供给和能源消费之间多买多卖的生态格局。政府需要强化油气、电力、新能源、辅助服务等能源产品与服务的市场化定价机制，体现不同能源品类的竞争优势。建立能反映供需关系、产品与服务品质差异的能源产品与服务价格联动传导机制，增加价格调节灵活性，加大峰谷电价差、季节性气价差等，促进市场机制下能源资源的自由交易和配置。

建议完善能源领域税收制度促进能源一体化供应业务发展。税收制度具有三大调节作用，即合理调节能源供给各环节和各类能源企业的收益；根据资源稀缺性和环境外部损害的影响调节能源生产和消费结构，充分体现低碳、清洁、高效的新能源社会环境价值；以税收优惠、免税等方式支持能源科技创新和产业化发展。能源一体化供应能够有效提升综合能效，具有经济、环境、社会等多重效益，但由于初始投资较大、回收期较长，限制了服务商的积极介入。政府可依据实际可再生能源开发利用水平、综合能效水平、环境污染水平等进行梯级税收减免，提高能源一体化供应的价格优势，激发企业在新的市场机制下推动能源综合利用的动力。

建议在综合能源服务领域加大推进混合所有制改革力度，强化市场竞争。能源行业所有制结构单一，主要以国有经济为主，高产业集中度会抑制竞争，造成价格机制失灵和供求关系失衡，需要用"看不见的手"促进多种所有制经济在竞争中优胜劣汰。综合能源服务是竞争性业务，尤其需要竞争性市场的培育，降低产业集中度，营造百花齐放的市场局面。因此，

综合能源服务是混合所有制改革最好的试验田，可以有效激发国有资本活力，放大国有资本功能，吸引优质社会资源进入，为客户提供更多品类的能源商品和更高水平的能源服务。

三　加强科技创新

综合能源服务发展需要技术创新驱动，亟须构建创新生态系统。当前综合能源服务领域存在若干关键技术亟待突破、不掌握关键核心技术、技术创新与市场脱节等问题与挑战，需要兼顾科技创新与产学研深度融合，推动形成综合能源服务科技创新生态系统。

建议集中力量对综合能源服务关键技术进行攻关，推动跨领域技术创新合作。综合能源服务领域技术点多面广，亟须加强电力、热能、技经、汽车、建筑、信息等多专业的强强联合，加强能源与金融、建筑、交通等领域的深度融合，加强能源与"大云物移智"技术的深度融合，才能有望实现技术突破。政府可通过构建组织机制，采取团队攻关模式重点攻关核心技术，在多能互补、多网融合、工业节能、低碳建筑、电动汽车等方面取得突破，尽快形成一批世界领先的自主创新成果，并加强示范建设和推广。

建议加强能源领域产学研用金合作，构建开放式创新生态系统。建立由政府召集，构建以企业为主体、市场为导向、产学研深度融合的能源技术创新体系。通过财税金融、科技奖励等政策引导企业加大对综合能源服务关键技术的研发投入。通过联合科技项目、产业创新联盟、科技成果转移转化、设备设施开放共享等方式，推动能源及其相关领域科研人员跨单位、跨部门、跨学科、跨领域合作，构建开放有序、充满生机活力的开放式创新生态系统。

建议全面加强知识产权保护。由于能源设备一次性投入大、沉没成本高，以往能源技术更新往往需要几十年，实际代际更替甚至要上百年。尽

管进入了能源互联网时代，能源领域长周期调整的局面尚未改观，这使得综合能源服务商自主创新意识不强，科技成果容易被其他企业快速复制。政府需要强化知识产权保护和专利保护力度，构建科技创新体系，支持企业将科技成果转化为产出和经济效益，形成推动行业创新发展的持续动力。完善能源科技创新成果产业化、商业化激励机制，鼓励先进技术产业化应用和发展，淘汰和替代落后产能。构建示范推广机制，加快重点示范项目建设，配套成果转化和推广机制，搭建"能源示范推广平台"，探索推广模式。

第二节　企业发展建议

企业是推动综合能源服务产业发展最重要的市场主体，众多企业纷纷提出向综合能源服务商转型，加快进军综合能源服务领域，这使得综合能源服务市场的竞争持续升温，日趋激烈。综合能源服务商可从企业战略、业务布局、技术攻关、生态构建等维度规划发展路径，以期在综合能源服务市场中占据重要地位。

一　明确企业战略

企业战略是企业根据环境变化、本身资源和实力选择适合的经营范围、产品和服务等，并形成市场核心竞争力的规划，重点包括竞争战略、营销战略、发展战略等方面。

经过对综合能源服务市场的系统研究分析，提出企业需要关注的宏观战略方向。

　　短期来看，综合能源服务商要根据自身实力选择低成本战略或差异化战略。综合能源服务市场处于发展初期，迅速抢占市场、使市场份额最大化是首要任务。实力较强的综合能源服务商可采取低成本策略，以更低的价格满足更多客户对冷、热、电、气的需求，可在短期内抢占一定市场份额。实力一般的综合能源服务商则可采取差异化策略，为客户提供质量更好、标准更高的产品服务，满足具有一定偏好的客户需求，缓慢积累市场份额。

　　长期来看，综合能源服务商要向差异化转型升级。实力较强的综合能源服务商在低成本的基础上，提高产品服务质量，形成技术体系和标准体系，牢牢把握既得客户，提升客户更换综合能源服务商的边际成本，即不断增强客户黏性。实力一般的综合能源服务商要进一步加强自身产品服务差异化，依托前瞻技术类业务，主打细分专业市场，通过技术先进、产品服务质量好、客户体验好，赢得较好的发展机会，甚至成为细分市场中的垄断企业。

　　口碑营销在综合能源服务市场中作用显著。综合能源服务是经验性产品（Post‐experience good），不是搜索性产品（Search good），消费者不能在购买前就评价产品和服务的好坏，而是在购买并使用一段时间后才能对其质量进行评估。在这种易造成信息不对称的情况下，企业品牌、声誉或可信度便可以创造收益优势，客户会为之支付大额溢价。综合能源服务市场中，较多能源服务商由传统能源企业转型而来，自身主业具有较好的口碑，拥有一批忠实的顾客，容易形成规模经济，提供更高的消费者剩余，成为一种市场竞争者进入障碍。

　　超前布局平台经济有望提升综合能源服务市场影响力。随着能源互联网时代的到来，连接能源服务商、产品服务、客户的能源平台经济体将成为现实，通过"网络效应"可达到平台价值、客户价值和服务价值的最大化和多方共赢。综合能源服务商当前可以通过"能源＋互联网"技术研发、平台经济商业模式创新、海量客户和数据资源积累、新业态新技术投资并购等方式，为将来在能源平台经济中占据一席之地而加强积淀。

从未来平台经济发展趋势来看，面对综合能源服务"平台商业模式"带来的机遇与挑战，综合能源服务商亟须深刻把握"平台思维"，尽快实现商业模式的转型升级。

由"管道"变"平台"。 大型能源企业普遍具有成熟的线性价值链，与其他公司保持着强大的联盟和伙伴关系，有人才库、资源库和客户基础。通过强化和加固现有资产和优势，可以搭建综合能源服务平台，建立适应自身价值创造的、线上线下融合的生态系统。当然，并不是所有的能源企业都要去搭建平台，很多企业是作为平台重要供应商和生态系统合作伙伴，利用自身独特资源，发挥自身独有价值。

由"数字"变"数字化"。 能源企业长期以来积累了海量数据，但拥有数据金矿却不积极运用数据，是很多能源企业的"通病"。有数据的能源企业要充分利用数据资源，挖掘数据在网络效应中的价值所在，更好地匹配生产者和消费者，引导有效投资，加强平台网络效应，创造更强大的进入壁垒。

由"内"向"外"转移关注点。 从战略角度而言，能源企业应从掌握独有内部资源和构筑有竞争力的壁垒，转变为调动外部资源和激发平台参与者的活力，广泛关注众筹、独立参与者在平台上提出的新想法。从运营管理角度来看，能源企业应从优化公司存货和供应链系统转变成管理公司非直接控制的外部资源，例如客户用能信息等。在人力资源方面，能源企业应从公司内部员工人力资源管理转变为外部生产商和顾客的领导技能提升，加强平台功能整合和网络协作。

由"单点营销"向"网络式营销"拓展。 工业经济的发展较为依赖市场营销，企业只有通过自己拥有或购买的专门营销和沟通管道才能获得消费者。而平台经济的发展需要寻求病毒式增长的设计，依赖用户向其他潜在用户传播。这种增长循环方式在轻量型、瞬时见效的能源服务业务有可能实现，但投资规模大、回收时期长的业务则有一定难度，仍然需要企业

直面客户进行营销。所以，能源企业需要同时重视两种营销方式，一方面继续推进企业主导的市场营销，另一方面要依靠消费群体，利用价格效应、品牌效应等形成"网络口碑营销"。

二　优化业务布局

业务布局是企业发展过程中最重要的环节，业务布局的精准程度直接影响企业的生存状况。企业需要利用态势分析法（SWOT 模型），综合分析客户需求、自身优劣势、市场竞争环境、政策发展趋势、能源产业发展规律等方面，判断自身业务的定位和布局。

当前，由于综合能源服务细分业务较多，各类综合能源服务商锁定的重点业务差异化较大，且随着外部形势变化，对业务布局均进行了适时调整。

以国家电网有限公司和中国南方电网有限责任公司为例。经过一段时间的摸索与实践，两网均对综合能源服务重点业务方向进行了适当调整，业务更加具像化、界面更加清晰化、目标更加精准化，如图 9-1 所示。两网一方面对市场需求更加了解。综合能源服务以市场为导向，以客户为中心，通过营销网络的支撑，一线员工深入客户进行调研，自下而上反映客

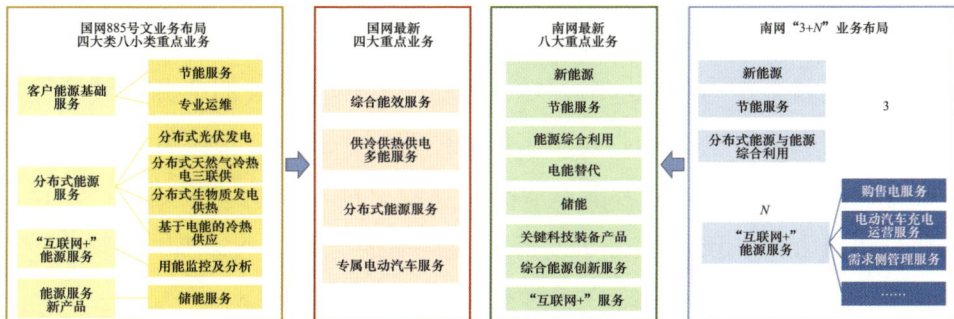

图 9-1　两网近年重点业务方向对比

户的疑难痛点，客观总结市场需求，研判业务未来发展趋势，从而精准发力。另一方面对自身优势更加了解。电网企业具有良好的品牌、资金等优势，是平台型企业，结合过去一段时间里已取得的营收业绩和已占领的市场，将所有业务进行细致梳理，区分出哪些业务属于必须开展的、可以开展的、尝试开展的，进而瞄准重点业务方向。

从业务本身角度讲，受历史因素影响，两网综合能源服务业务均以节能服务和分布式能源业务为基础，包括工业节能和建筑节能、光伏发电、生物质发电供热等，之后开始广泛探索和整合各类细分业务。

从目标客户角度讲，两网是高度重合的，用能量大且稳定、支付能力强的园区、工业企业、公共建筑（办公楼、商业综合体、学校、医院、交通枢纽、数据中心等）等是争相抢夺的重点客户。

三 强化技术攻关

综合能源服务迫切需要以先进能源和信息技术促进集成提效。但由于我国能源企业多以单一品种能源经营为主，综合能源技术和人才均较为匮乏，对信息领域更知之甚少。各类企业向综合能源服务商转型，相应地，技术实力也要向综合能源服务领域快速拓展，以支撑业务水平的稳步提升。

围绕重点业务，加强研发投入和人才培养。以电网公司为例，电网公司最强大的技术实力是在电力领域，天然气、热力等其他能源领域的技术基础相对薄弱，即电力专业人才密集，但暖通、热能、市政等专业人才相对缺乏。因此，大部分综合能源服务商在综合能源系统的规划设计、建设施工、运维管理、技术设备研发等能力均有所欠缺，亟须加强研发投入，并加强人才培养，弥补在综合能源领域的技术实力短板。

通过加强外部战略合作，快速弥补综合能源技术人才短板。综合能源领域的技术人才实力难以在短时间内实现快速提升，最行之有效的办法就是加强对外合作。具有先进技术优势的能源科技公司、咨询规划单位、设备供应商、运营服务商等将成为优选合作对象，通过技术资源整合，合力推出高端产品和服务，利用技术和装备抢占市场制高点。

加强能源信息技术研发，抢滩综合能源服务平台业务。综合能源服务商通过物联网、5G 等先进信息技术能够将各类能源设备有机连接，构建设备级智慧能源管控平台，可实现系统集成提效。但大部分综合能源服务商不具备先进信息技术实力，需要与互联网企业、科技公司加强合作，在"能源＋互联网"领域实现突破，抢占平台技术制高点。

四　构建和谐生态

综合能源服务涉及专业众多且各专业间技术壁垒较高，企业往往深耕某一领域，难以满足客户一站式服务需求，供需间存在矛盾，有必要打造和谐生态，实现内外部资源整合。

建议龙头企业发挥资源整合能力，加快产业生态圈建设，从科技创新、能力互补、信息共享、市场开拓等方面推动产业发展。一是科技创新，汇聚技术优势方，攻克多能互补、协同优化等关键技术；源网荷储多能互补协调优化技术、能源信息融合技术等成为产业发展的关键掣肘技术，亟须快速联合突破。二是能力互补，将规划设计、建设施工、运营维护等环节有机串联，促进项目落地；服务商普遍缺乏面向电、热、冷、气多能源品种的规划设计、专业运维、投融资与风险管控等能力，亟须共建提升。三是信息共享，电、热、冷、气等能源数据信息壁垒尚未打破，阻碍能源数据增值服务发展，亟须构建融通渠道。四是开拓市场，综合能源服务近期是千亿级市场，亟须通过广泛的行业信息交流，准确识别用户痛点，形成合力做强做大综合能源服务产业。

建议国有企业加强混合所有制改革，秉承宜混则混的原则，重点联合行业龙头企业、金融机构、业主方等，以项目公司为主要载体，面向投资

风险大、技术复杂度高的综合能源项目开展合作，采用"资产所有多元化＋运营维护专业化"的方式，为客户提供一体化服务，实现多方共赢。当前国企改革推进步伐加快，能源领域国有企业可在综合能源服务领域推进混合所有制，汇聚资本、管理、技术等优势力量，推动市场化体制机制建设，实现产权多元化，激发企业内生动力和市场活力。重点联合主体包括行业龙头、金融机构、科技企业、业主方等，行业龙头能够汇聚电源、气源、热源、输配网络等核心资源，实现优势互补；金融机构能够分摊投资压力和风险；科技企业能够提升技术服务能力；业主方易于协调属地资源，确保项目顺利实施及后期运营。重点应用场景建议以项目公司为主要载体，广泛开展混合所有制改革；重点面向投资风险大、技术复杂高的项目，例如能源站投资建设、多能源品种能源托管等。"资产所有多元化＋运营维护专业化"的方式，由国有资本和民营资本共同投资建设，资产由多家企业持有，主体设备、输配设施等分别由设备厂家、电力公司等负责专业运维。

建议大型能源企业构建"集团化、属地化、专业化"的内部市场化协同运作体系。传统大型能源企业基于传统业务，形成了资源、客户、资本、技术等多重优势。整合集团力量、发挥集团优势、推动集团升级，是快速发展综合能源服务的不二之选。以电网公司为例，集团化、属地化、专业化成为两网拓展综合能源服务市场的"三化"原则（如图9-2所示）。省市县公司具有属地化优势，可以充分利用好大客户经理直接接触用户机会，掌握第一手的客户需求信息，有效拓展营销渠道。产业单位、金融单位、科研单位和集体企业等则延续专业化发展道路，承担装备制造、投融资、产品方案研发、规划设计、施工运维等专业性较强的业务，通过强有力的资金、技术、人才支撑，加快提升综合能源服务市场核心竞争实力。通过专业化和属地化的有效协同，可加强各单位间的优势互补和资源统筹，从而实现集团整体业务的良性运作和有序发展，将集团利益最大化。

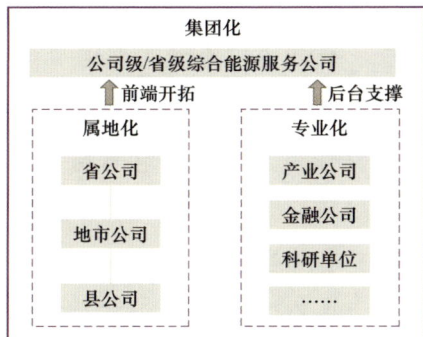

图 9-2　电网公司集团化运作模式示意图

本章小结

本章分别从政府政策和企业发展两个层面对综合能源服务的发展提出了建议。主要结论如下：

（1）从政府政策来看，我国条块分割的能源管理体制难以适应能源服务形态向多能互补、集成提效的升级趋势，亟须优化调整。建议率先在用户侧打破不同能源间的体制壁垒，促进多方竞争。建议打通信息壁垒，促进能源服务业务数字化转型。

（2）从市场政策来看，综合能源服务是市场化竞争业务，其快速发展需要要素自由流动、价格反应灵活、竞争公平有序、企业优胜劣汰的能源市场体系。建议深入推进能源市场化"链式改革"和"网式改革"，促进能源综合化发展；进一步理顺价格形成机制，体现能源真实价值，扩大综合能源服务市场空间；利用财税补贴制度促进能源一体化供应业务发展；积极推进国有企业混合所有制改革，强化市场竞争。

（3）从技术创新来看，综合能源服务发展需要技术创新驱动，亟须构建创新生态系统。建议集中力量对综合能源服务关键技术进行攻关，推动跨领域技术创新合作；加强能源领域产学研用金合作，构建开放式创新生态系统；全面加强知识产权保护。

（4）从企业战略来看，短期内综合能源服务商要根据自身实力选择低成本战略或差异化战略，长期综合能源服务商要向差异化转型升级；口碑营销在综合能源服务市场中作用显著；超前布局平台经济有望提升综合能源服务市场影响力。

（5）综合能源服务商亟须深刻把握"平台思维"，尽快实现商业模式的转型升级，由"管道"变"平台"、由"数字"变"数字化"、由"内"向"外"转移关注点、由"单点营销"向"网络式营销"拓展。

（6）从业务布局来看，企业需要利用态势分析法（SWOT 模型），综合分析客户需求、自身优劣势、市场竞争环境、政策发展趋势、能源产业发展规律等方面，判断自身业务的定位和布局，并对业务布局均进行了适时调整，使业务更加具象化、界面更加清晰化、目标更加精准化。

（7）从技术攻关来看，综合能源服务迫切需要以先进能源和信息技术促进集成提效。建议围绕重点业务，加强研发投入和人才培养；通过加强外部战略合作，快速弥补综合能源技术人才短板；加强能源信息技术研发，抢滩综合能源服务平台业务。

（8）在和谐生态方面，建议龙头企业发挥资源整合能力，加快产业生态圈建设，从科技创新、能力互补、信息共享、市场开拓等方面推动产业发展。建议国有企业加强混合所有制改革，秉承宜混则混的原则，重点联合行业龙头企业、金融机构、业主方等，以项目公司为主要载体，面向投资风险大、技术复杂度高的综合能源项目开展合作，采用"资产所有多元化＋运营维护专业化"的方式，为客户提供一体化服务，实现多方共赢。建议大型能源企业构建"集团化、属地化、专业化"的内部市场化协同运作体系。

参考文献

［1］赵玉林. 产业经济学：原理及案例［M］. 北京：中国人民大学出版社，2018.

［2］International Energy Agency（IEA）. Energy Technology Perspective 2017［R］，2017.

［3］陈伟，屈利娟. 我国高校能源消耗模型构建与能效策略研究［J］. 节能，2013，32（2）：4-7.

［4］中华人民共和国国家统计局. 中国统计年鉴 2017［M］. 北京：中国统计出版社，2017.

［5］清华大学建筑节能研究中心. 中国建筑节能年度发展研究报告 2018［M］. 北京：中国建筑工业出版社，2018.

［6］中华人民共和国国家统计局. 中国统计年鉴 2016［M］. 北京：中国统计出版社，2016.

［7］何知衡. 西安市大型商场能耗现状及节能分析［D］. 西安：西安建筑科技大学，2009.

［8］清华大学国情研究院课题组，胡鞍钢，刘生龙. 中国经济增长前景及动力分析（2015-2050）［J］. 国家治理，2017（45）：2-8.

［9］经济学人智库（EIU）. 中国消费者 2030 年面貌前瞻白皮书［R］，2016.

［10］中国建筑节能协会. 中国建筑能耗研究报告 2016［R］，2016.

［11］中国可再生能源学会. 2049 中国科技与社会愿景：可再生能源与低碳社会［M］. 北京：中国科学技术出版社，2016.

［12］周伏秋，邓良辰，冯升波，王娟，费吟昕. 综合能源服务发展前景与趋势［J］. 中国能源，2019，41（01）：4-7+14.

［13］国际能源署（IEA）. 中国分布式能源前景展望［M］. 北京：石油工业出版社，2017.

［14］电力规划设计总院. 中国能源发展报告 2017［R］，2018.

［15］"能源领域咨询研究"综合组. 推动能源生产和消费革命战略研究［J］. 中国工程科学，17（9）：1-145.

［16］孙秋野，马大中. 能源互联网与能源转换技术［M］. 北京：机械工业出版社，2017.

［17］中国汽车技术研究中心. 中国新能源汽车产业发展报告 2017［R］，2017.

［18］德勤能源解决方案中心. 物联网技术如何推动能源创新-物联网在电力行业［R］，2016.

［19］张运洲. 我国综合能源服务一体化发展模式研究［J］. 中国电力企业管理，2019（13）：37-41.